escale à
toronto

Superficie 629,91 km²

Population 2,5 millions (ville de Toronto), 5,5 millions (région métropolitaine)

Capitale de l'Ontario et métropole du Canada

Bâtiment le plus haut La CN Tower, avec 553,33 m

Fuseau horaire UTC –5

ULYSSE

Crédits

Recherche et rédaction: Benoît Legault
Éditeur: Pierre Ledoux
Adjoints à l'édition: Julie Brodeur, Ambroise Gabriel
Recherche et rédaction antérieure, extraits du guide Ulysse *Toronto*: Jill Borra, Alexandra Gilbert, François Henault, Amber Martin, Jennifer McMorran, Alain Rondeau

Correction: Pierre Daveluy
Conception graphique: Pascal Biet
Conception graphique de la page couverture: Philippe Thomas
Mise en page et cartographie: Judy Tan
Photographie de la page couverture: Scène de rue nocturne © Ian Muttoo

Cet ouvrage a été réalisé sous la direction de Claude Morneau.

Remerciements

Merci à Vanessa Somarriba de Tourism Toronto, Lori Mignone de la Toronto Transit Commission, Lai Ping Lee, John Matthew et Claude André pour leur aide.

Guides de voyage Ulysse reconnaît l'aide financière du gouvernement du Canada par l'entremise du Fonds du livre du Canada (FLC) pour ses activités d'édition.

Guides de voyage Ulysse tient également à remercier le gouvernement du Québec – Programme de crédit d'impôt pour l'édition de livres – Gestion SODEC.

Guides de voyage Ulysse est membre de l'Association nationale des éditeurs de livres.

Note aux lecteurs

Tous les moyens possibles ont été pris pour que les renseignements contenus dans ce guide soient exacts au moment de mettre sous presse. Toutefois, des erreurs peuvent toujours se glisser, des omissions sont toujours possibles, des adresses peuvent disparaître, etc.; la responsabilité de l'éditeur ou des auteurs ne pourrait s'engager en cas de perte ou de dommage qui serait causé par une erreur ou une omission.

Écrivez-nous

Nous apprécions au plus haut point vos commentaires, précisions et suggestions, qui permettent l'amélioration constante de nos publications. Il nous fera plaisir d'offrir un de nos guides aux auteurs des meilleures contributions. Écrivez-nous à l'une des adresses suivantes, et indiquez le titre qu'il vous plairait de recevoir.

Guides de voyage Ulysse
4176, rue Saint-Denis, Montréal (Québec), Canada H2W 2M5, www.guidesulysse.com, texte@ulysse.ca

Les Guides de voyage Ulysse, sarl
127, rue Amelot, 75011 Paris, France, www.guidesulysse.com, voyage@ulysse.ca

Catalogage avant publication de Bibliothèque et Archives nationales du Québec et Bibliothèque et Archives Canada

Vedette principale au titre :
    Escale à Toronto
    (Escale Ulysse)
    Comprend un index.
    ISBN 978-2-89464-546-8
    1. Toronto (Ont.) - Guides.
    FC3097.18.E72 2013   917.13'541045   C2012-942421-8

sommaire

↘

le meilleur de toronto 5

explorer toronto 23

toronto pratique 119

le meilleur de
toronto

toronto

En 10 images emblématiques

5 Le Roy Thomson Hall (p. 41)

6 Le Queen's Quay Terminal (p. 25)

7 Le Fairmont Royal York (p. 45)

8 L'Union Station (p. 45)

9 Le Fort York (p. 25)

10 Les ferrys qui mènent aux îles de Toronto (p. 32)

En quelques heures

↘ Se rendre au sommet de la CN Tower (p. 36)
L'édifice est unique, et la vue qu'il offre est inoubliable.

↘ Une promenade le nez en l'air dans le quartier des affaires (p. 36)
Pour ressentir la puissance économique de la métropole du Canada.

↘ Une visite-éclair au Royal Ontario Museum (p. 94)
Pour admirer une des grandes collections, que ce soit l'art asiatique ou
les dinosaures, du plus grand musée au Canada.

En une journée

Ce qui précède plus...

↘ Une balade dans Queen Street West et West Queen
West (p. 69, 72)
Pour sentir l'énergie créative de la capitale culturelle du Canada
anglais.

↘ Une balade en ferry sur le lac Ontario (p. 32)
Pour prendre la mesure de l'immensité du centre-ville et de la beauté
du grand lac.

↘ Un peu de lèche-vitrine dans Bloor Street et sur Yorkville
Avenue (p. 98)
Pour se rincer l'œil devant les plus belles et les plus riches boutiques
au pays.

En un week-end

Ce qui précède plus…

↘ Une promenade à pied ou à vélo à The Beaches (p. 112)
   Pour apprécier l'étonnant côté ludique et balnéaire de cette métropole laborieuse.

↘ Une virée du côté du Chinatown et du Kensington Market (p. 80)
   Pour découvrir des quartiers d'exception, côte à côte, tout près du centre-ville.

↘ Voir une comédie musicale dans le quartier du spectacle (p. 36)
   Pour vivre une expérience typiquement nord-américaine dans un secteur survolté.

En **10** repères

1 Caribana

Haut en couleur et en musique, le festival Caribana Toronto représente l'un des événements culturels ethniques les plus importants d'Amérique du Nord. Chaque été, près d'un million de personnes se retrouvent sur les rives du lac Ontario pour 18 jours de festivités ensoleillées. Le but de Caribana : promouvoir le développement et la culture des communautés canadiennes originaires des Caraïbes et de l'Afrique.

2 Glenn Gould

Né à Toronto en 1932, le célèbre pianiste et compositeur Glenn Gould vit sa virtuosité unanimement reconnue lors de son premier concert donné en public, en 1945. Dès l'âge de 14 ans, il fit son entrée à l'Orchestre symphonique de Toronto. Amené ensuite à travailler avec les plus grands musiciens, il s'imposa rapidement sur la scène mondiale comme l'un des plus talentueux de tous.

3 Hockey

Bien que son équipe professionnelle, les Maple Leafs, peine à connaître du succès depuis plusieurs années, Toronto est considérée comme la Mecque du hockey sur glace au Canada anglais. C'est d'ailleurs ici que réside l'emblématique Coupe Stanley, dans le Hockey Hall of Fame, ainsi que l'impressionnante collection de trophées de la Ligue nationale.

4 Honest Ed's

Cet incontournable commerce de vente à rabais du quartier Yorkville a été fondé en 1948 par le regretté Ed Mirvish, homme d'affaires coloré et philanthrope. Lorsque les lois de zonage l'empêchèrent de raser les résidences décrépites de Markham Street, derrière son magasin, il en fit le Mirvish (Markham) Village, et les bâtiments en cause abritent depuis des galeries d'art et des librairies. On doit aussi à Mirvish la restauration du Royal Alexandra Theatre, en 1963, et la construction du Princess of Wales Theatre en 1993.

5 Multiculturalisme

Plus de 70 nationalités se côtoient à Toronto et y parlent 100 langues. Toronto est ainsi l'une des villes nord-américaines qui a le mieux réussi le mariage des cultures, des immigrants des quatre coins du globe étant parvenus à s'y intégrer tout en maintenant l'identité et les traditions qui leur sont propres. Cette fusion harmonieuse en fait la ville la plus diversifiée du Canada.

6 *Musicals*

Les nombreux *musicals* (comédies musicales) à l'affiche dans les différentes salles de théâtre de Toronto en ont fait une sorte de « Broadway du Nord ». En fait, Toronto est la capitale théâtrale du Canada anglais et la troisième scène théâtrale anglophone du monde, derrière Londres et New York.

En **10** repères *(suite)*

7 Pride Toronto

Le festival Pride Toronto, qui s'étend sur une semaine entière à la fin du mois de juin, constitue l'une des plus importantes célébrations de la fierté gay en Amérique du Nord et le plus grand rassemblement homosexuel du Canada. Il culmine chaque année par deux jours d'époustouflantes marches et de défilés colorés.

8 TIFF

Le Toronto International Film Festival, ou TIFF pour les intimes, compte aujourd'hui parmi les plus prestigieux festivals de cinéma au monde, au même titre que ceux de Cannes, Berlin et Venise. Il se tient chaque année au mois de septembre au TIFF Bell Lightbox, son spectaculaire quartier général inauguré en 2010.

9 Tramway

Le tramway, disparu de la plupart des grandes villes nord-américaines, fait encore partie aujourd'hui du paysage de Toronto, où il joue toujours un rôle important dans le réseau de transport en commun. Ce réseau est également composé de nombreuses lignes d'autobus et du premier métro à avoir vu le jour au Canada, en 1953, soit 13 ans avant celui de Montréal.

10 Yonge Street

Avant d'être récemment détrônée par la Pan-American Highway, Yonge Street a longtemps été considérée comme la plus longue route au monde. Cette artère porte le même nom sur 1 896 km, des rives du lac Ontario jusqu'à Rainy River, dans le nord-ouest de l'Ontario. À Toronto, Yonge Street sépare l'est et l'ouest de la ville, et bourdonne d'activités grâce à ses musées, ses théâtres et ses nombreuses boutiques.

En **5** expériences uniques

1 Les *musicals* qui font de Toronto un petit Broadway, au Princess of Wales Theatre (p. 40, 57) et au Royal Alexandra Theatre (p. 40, 57)

2 Une balade le long du lac Ontario, sur le Waterfront (p. 24) animé ou dans le secteur de The Beaches (p. 112)

3 Le cachet historique du Distillery District (p. 64)

4 Le bazar anachronique et multiethnique du **Kensington Market** (p. 85)

5 L'effervescence et l'atmosphère « bohème-branché » du secteur de West Queen West (p. 72)

En **10** expériences culturelles

En **10** icônes architecturales

En **5** grands parcs

1 Le High Park (p. 28)

2 Le St. James Park (p. 61)

3 Les **îles de Toronto** (p. 32)

4 Le Kew Gardens Park, dans le secteur de The Beaches (p. 113)

5 Queen's Park et le campus de l'Université de Toronto (p. 90)

En **5** endroits pour faire plaisir aux enfants

1 L'Ontario Science Centre, pour ses jeux interactifs (p. 116)

2 Le Royal Ontario Museum, pour ses dinosaures (p. 94)

3 **Canada's Wonderland**, pour ses grands manèges (p. 117)

4 Le Toronto Zoo, pour ses grands animaux africains (p. 117)

5 Le Harbourfront Centre, pour ses activités (p. 24)

En 5 vues exceptionnelles

1 La **CN Tower** (p. 36)

2 Le Panorama Lounge (p. 103)

3 Le bar du restaurant Canoe (p. 53)

4 Les tours de la Casa Loma (p. 107)

5 Depuis les îles de Toronto et les ferrys qui y mènent (p. 32)

En 5 grands événements

1 **Toronto International Film Festival** (p. 144)

2 Luminato (p. 142)

3 Caribana Toronto (p. 144)

4 Pride Toronto (p. 143)

5 North by Northeast (p. 142)

En **10** belles terrasses

En **5** grandes tables

En **5** bons restaurants pour les petits budgets

En **10** incontournables de la vie nocturne

En 5 expériences pour les amateurs de sports

1. Un match de hockey des Toronto Maple Leafs à l'Air Canada Centre (p. 148)

2. Un match de baseball des Toronto Blue Jays au Rogers Centre (p. 148)

3. Un match de basketball des Toronto Raptors à l'Air Canada Centre (p. 148)

4. Un match de soccer du Toronto Football Club au **BMO Field** (p. 148)

5. Une visite du Hockey Hall of Fame (p. 46)

En 5 incontournables du lèche-vitrine

1. Eaton Centre (p. 58)

2. **Hazelton Lanes** (p. 104)

3. Fresh Collective (p. 79)

4. Bloor Street et Yorkville Avenue (p. 98)

5. Honest Ed's (p. 112)

explorer
toronto

1 ↘

Le Waterfront

À voir, à faire

(voir carte p. 27)

La proximité d'un plan d'eau important détermine souvent l'emplacement d'une ville, et Toronto ne fait pas exception à la règle. Cependant, la ville de Toronto avait négligé pendant plusieurs années le quartier qui borde les rives du lac Ontario. L'autoroute surélevée Gardiner, les vieux rails de chemin de fer et les nombreux entrepôts qui le défiguraient ne présentaient d'ailleurs aucun attrait aux yeux des citadins. Fort heureusement, des sommes importantes sont investies dans ce secteur pour le revitaliser. Le Waterfront vibre au rythme du calendrier ethnoculturel et artistique intense du Harbourfront Centre. Le *boardwalk* qui donne sur le lac est propice aux randonnées à pied ou à vélo, et de petites plages ont ajouté une touche ludique au secteur.

Le circuit commence à l'angle des rues York et Queen's Quay West, dans le secteur Harbourfront qui borde le lac Ontario directement au sud de la tour du CN.

Harbourfront Centre ★★ [1]

entrée libre; 235 Queen's Quay W., 416-973-4000, www.harbourfrontcentre.com; métro Union Station

Le Harbourfront Centre est constitué de plusieurs bâtiments et parcs à caractère récréatif et culturel. L'ensemble est d'un attrait indéniable, et il y en a pour tous les goûts. Les fins de semaine d'été, on peut assister à de nombreux petits festivals qui comprennent habituellement des spectacles, des expositions et une foire alimentaire consacrés à une communauté culturelle mise en vedette (antillaise, latino-américaine, etc.). Le programme Harbour-KIDS met en place toute l'année des activités sportives et culturelles à l'intérieur et à l'extérieur.

Harbourfront Centre.

Marchez un peu vers l'est sur Queen's Quay West.

Queen's Quay Terminal ★ ★ [2]
207 Queen's Quay W., 416-203-0510, www.qqterminal.com; métro Union Station

Gigantesque ancien entrepôt de style Art nouveau. Joliment modifié, il loge aujourd'hui des boutiques très originales et des restaurants avec vue sur le lac Ontario, ainsi qu'un théâtre conçu pour les spectacles de danse contemporaine, le Fleck Dance Theatre. On y trouve aussi un musée-galerie consacré à l'art inuit.

Pour poursuivre la visite du Waterfront, dirigez-vous maintenant vers l'ouest en direction du Fort York. En voiture, vous pouvez rejoindre le Fort York en empruntant Lake Shore Boulevard; tournez à droite dans Strachan Avenue, encore à droite dans Fleet Street, puis prenez à gauche la Garrison Road. Le sympathique tramway de la rue Bathurst (n° 511) permet également de s'y rendre facilement depuis la station de métro Bathurst.

Fort York ★ ★ [3]
9$; mi-mai à début sept tlj 10h à 17h, début sept à mi-déc lun-ven 10h à 16h, sam-dim 10h à 17h, début jan à mi-mai lun-ven 10h à 16h30, sam-dim 10h à 17h; 250 Fort York Blvd., 416-392-6907, www.fortyork.ca; métro Bathurst

Site fondateur de Toronto, le Fort York est érigé en 1783 par le gouverneur Simcoe pour faire face à la menace des Américains. Le Fort York fut détruit par ces derniers en 1813 (les Anglais se vengèrent en brûlant la Maison-Blanche!), puis reconstruit peu de temps après. Le Fort York est aujourd'hui le site

Le Waterfront

Le Waterfront.

À voir, à faire ★

1.	DY	Harbourfont Centre
2.	EY	Queen's Quay Terminal
3.	BX	Fort York
4.	AX	High Park

Cafés et restos ●

5.	CX	Le Sélect Bistro
6.	EY	Pearl Harbourfront
7.	DY	Pier 4

Bars et boîtes de nuit ♩

8.	EX	Polson Pier
9.	EX	The Guvernment

Salles de spectacle ◆

10.	AX	Canadian Stage Dream in High Park
11.	EY	Enwave Theatre

Lèche-vitrine ■

12.	DY	Beer Store
13.	EY	Bounty Contemporary Craft & Design
14.	EY	Museum of Inuit Art Gallery
15.	EY	Queen's Quay Terminal

Hébergement ▲

16.	DY	Radisson Hotel Admiral Toronto – Harbourfront
17.	EY	Westin Harbour Castle

Yonge St.

Bay St.

Union Station

York St.

University Ave.

The Esplanade

Wellington St. W.

Front St.

John St.

Peter St.

King St. W.

Wellington St. W.

Draper St.

Portland Ave.

Spadina Ave.

Bathurst St.

Tecumseh Ave.

Niagara

Strachan Ave.

Douro St.

Liberty St. E.

Manitoba Dr.

Air Canada Centre

Simcoe St.

CN Tower

Rogers Centre

Blue Jays Wy.

Rees St.

Bremner St.

Lake Shore Blvd.

Queen's Quay W.

Toronto Music Garden

Expressway

Gardiner

Garrison Common

Garrison Rd.

Fleet St.

Stadium Rd.

Prince's Blvd.

Newfoundland Rd.

Exhibition Place

Lake Shore Blvd.

Remembrance Dr.

Harbourfront Centre

Mainland Ferry Terminal

Harbourfront

Toronto Inner Harbour

Western Channel

Billy Bishop Toronto City Airport

Toronto Islands

East Island

Lac Ontario

©ULYSSE

X Y Z

e d c b a

0   300   600m

UNION

5

3

4 10

8 9

17

2 15

6 11 14 13

1

7 16

12

Le Waterfront

Principaux événements historiques

1720: Le premier poste de traite français en Ontario est créé sur le site de l'actuelle ville de Toronto.

1750: Les Français construisent le fort Rouillé sur ce site.

1756-1763: La guerre de Sept Ans oppose Français et Anglais en Europe et dans leurs colonies d'Amérique du Nord et des Indes.

1763: Les Français perdent officiellement la Nouvelle-France au profit des Britanniques.

1791: L'Acte constitutionnel crée les provinces du Haut-Canada et du Bas-Canada.

1793: Le lieutenant-gouverneur John Graves Simcoe entreprend la construction de la ville de York, la future Toronto.

1834: La ville de York devient Toronto, capitale du Haut-Canada.

1867: La Confédération canadienne est créée.

1891: Toronto compte déjà 181 000 habitants.

Cerisiers dans le High Park.

le plus important datant de la guerre anglo-américaine de 1812. Des baraques meublées et un petit musée illustrent le style de vie des officiers et des soldats. En été, des acteurs se livrent à des manœuvres militaires en costumes d'époque.

Toujours par Lake Shore Boulevard, dirigez-vous plus à l'ouest jusqu'à Parkside Drive et tournez à droite. En tramway (nº 506), descendez au terminus ouest qui est dans le parc !

High Park ★ [4]
416-392-1111, métro High Park ou Keele, tramway College ou Queen

C'est le grand parc urbain de Toronto. On y trouve des terrains de jeu, des aires de pique-nique, des pistes cyclables et des sentiers pédestres, et on peut y pratiquer le patin en hiver ou la pêche en été sur le Grenadier Pond. Sa flore cache

1930: La population de Toronto dépasse les 500 000 habitants.

1959: La construction de la Voie maritime du Saint-Laurent facilite le développement économique de Toronto, et lui permettra bientôt de coiffer Montréal à titre de centre économique du Canada.

1970: Toronto devient la métropole du Canada, dépassant en population sa rivale de toujours, Montréal.

1976: Inauguration des espaces publics de la CN Tower.

1989: Inauguration du SkyDome (depuis devenu le Rogers Centre), premier stade à toit rétractable au monde et symbole de l'apogée de Toronto dans les années 1980.

1998: Création de la grande agglomération de Toronto, avec la fusion des six villes formant le Metropolitan Toronto.

2002: Toronto dévoile de grands projets architecturaux coûteux dans le cadre de sa «renaissance culturelle». Cette vague de création ou de restauration de bâtiments à caractère culturel est signée par des architectes de renommée internationale: Daniel Libeskind pour le Royal

quelques espèces rares, et sa faune se compose d'espèces indigènes de la région, sans parler des enclos de bisons, de lamas et de moutons. On l'a même doté d'une piscine et d'une plage (hélas bruyante à cause de la Gardiner Expressway) sur le lac Ontario. L'événement **Dream in High Park** (productions estivales shakespeariennes; voir p. 30) fait partie des grandes attractions des lieux au cours de la saison estivale (arrivez tôt pour obtenir des places).

Cafés et restos

(voir carte p. 27)

✆ **Pearl Harbourfront** *$$* [6]
207 Queen's Quay W., 416-203-1233,
www.pearlharbourfront.ca
Au Queen's Quay Terminal se trouve un restaurant chinois plutôt classe. Ses nombreuses lucarnes contribuent à éclairer et à aérer la salle qui offre une belle vue sur le lac Ontario. Les spécialités sichuanaises et cantonaises, incluant les *dim sum*, sont élaborées à partir de produits frais du marché. Recommandé par les gastronomes chinois de la ville.

Pier 4 *$$* [7]
245 Queen's Quay W., 416-203-1440,
www.pier4.ca
Au bord du lac Ontario, un restaurant typiquement nord-américain de steaks et fruits de mer, beau, bon et pas cher, loge dans un bâtiment classé historique chargé d'ob-

Le Waterfront

Ontario Museum (ROM) et Frank Gehry pour l'Art Gallery of Ontario (AGO).

2004 : L'Ontario College of Art and Design (OCAD) inaugure le Sharp Centre for Design. L'audace de son architecture, d'abord contestée, est maintenant admirée et célébrée.

2010 : Le quatrième Sommet du G20 est présenté à Toronto en juin. La même année, en septembre, le Toronto International Film Festival (TIFF) inaugure son nouveau quartier général, l'ultramoderne TIFF Bell Lightbox.

jets nautiques. C'est toutefois la terrasse tranquille devant le lac qui est l'endroit le plus mémorable. Bon service, courtois et très rapide. Le homard est moins cher qu'ailleurs.

🔷 **Le Sélect Bistro** $$-$$$ [5]
432 Wellington St. W., 416-596-6405,
www.leselect.com

En pénétrant dans Le Sélect Bistro, vous serez tout de suite enveloppé par le jazz qui vous donnera envie d'y rester des heures. Vous y trouverez un alléchant menu de bouillabaisse, cassoulet, bavette, agneau et confit de canard, et plus de 1 000 crus ! Terrasse des plus invitantes.

Bars et boîtes de nuit

(voir carte p. 27)

Polson Pier [8]
11 Polson, 416-461-3625, www.polsonpier.com
Ce grand complexe de divertissement comprend une terrasse de plus de 3 700 m² qui s'étend au-dessus du lac Ontario et dispose d'une piscine, de tables de billard extérieures et d'installations de plaisance. DJ les fins de semaine et lors d'événements spéciaux dans trois boîtes de nuit différentes.

The Guvernment [9]
132 Queen's Quay E., 416-869-0045
Depuis longtemps un des établissements les plus branchés de Toronto, ce gigantesque entrepôt converti en boîte de nuit accueille des DJ les vendredis et samedis soir.

Salles de spectacle

(voir carte p. 27)

Canadian Stage Dream in High Park [10]
High Park, 416-368-3110,
www.canadianstage.com
Cette compagnie de théâtre présente des productions estivales shakespeariennes en plein air dans le cadre enchanteur du High Park.

Le Waterfront

Queen's Quay Terminal.

Museum of Inuit Art Gallery [14]

Queen's Quay Terminal, 207 Queen's Quay W., 416-603-7591, www.miagallery.ca

D'anciens enseignants qui ont travaillé dans l'île de Baffin, David et Nazie Harris, ont ouvert ce musée-galerie d'art inuit. Œuvres de qualité en provenance de plus de 25 communautés, à des prix qui vont de pair avec leur finesse.

Bières, vins et spiritueux

Beer Store [12]

350 Queen's Quay W., 416-581-1677, www.thebeerstore.ca

Cette succursale particulièrement grande du Beer Store propose l'immense variété des bières produites en Ontario et une grande partie de toutes les bières canadiennes.

Centre commercial

Queen's Quay Terminal [15]

207 Queen's Quay W., 416-203-0510, www.qqterminal.com

Magnifique et original centre commercial établi sur les rives du lac Ontario, le Queen's Quay Terminal regroupe une vingtaine de boutiques (la plupart proposant des produits canadiens) et des restaurants. Son grand bâtiment Art déco, qui fut l'entrepôt du port, offre des vues magnifiques sur le lac.

Enwave Theatre [11]

Harbourfront Center, 231 Queen's Quay W., 416-973-4000

Un endroit prisé par la communauté artistique qui y présente des pièces de théâtre de renom et des spectacles de danse contemporaine.

Lèche-vitrine

(voir carte p. 27)

Art et artisanat

Bounty Contemporary Craft & Design [13]

Harbourfront Center, 235 Queen's Quay W., 416-973-4993

Artisanat de fabrication canadienne, pour se faire plaisir ou pour offrir en cadeau, entre autres des pièces de verre soufflé à la main, des objets en céramique et des bijoux.

Le Waterfront

2 ↘

Les îles de Toronto

À voir, à faire

(voir carte p. 35)

Les 17 îles de Toronto – dont 8 seulement portent un nom – présentent une collection à faire rêver de sentiers, de plages et de cottages appartenant aux 250 familles qui les habitent grâce à des droits acquis. Quelque 1,2 million de visiteurs fréquentent les îles chaque année. L'un des points forts de cette oasis urbaine tient à n'en point douter à la vue spectaculaire de Toronto qu'elle offre, alors que la ville scintille au loin le jour comme le soir. Les îles constituent l'endroit idéal pour faire des pique-niques et pour relaxer sur une des longues plages où l'on se croit presque aux Antilles (dont une où «les vêtements sont optionnels»). La qualité de l'eau s'est améliorée ces der-

nières années, et l'on peut maintenant se baigner. Il est également curieux et plaisant de déambuler dans leurs communautés, constituées de charmantes petites maisons aux terrains agréablement aménagés.

Un agréable trajet d'une dizaine de minutes en **navette lacustre** vous mènera aux îles depuis les **Toronto Ferry Docks** *(aller-retour adultes 7$; en service toute l'année; Mainland Ferry Terminal, Queen's Way, 416-392-8193, http://www.toronto.ca/parks/island/; métro Union Station).*

Trois navettes lacustres desservent trois quais: Hanlan's Point à l'ouest, Centre Island (navires plus gros et plus confortables) au centre et Ward's Island à l'est; des ponts relient les autres îles entre elles. Les bicyclettes sont autorisées à

Toronto vue depuis Centre Island.

Les îles de Toronto

bord. Les îles disposent de quelques comptoirs et aires de restauration rapide et d'un très charmant resto-terrasse, **The Rectory Cafe** (voir p. 34), sur Ward's Island. Vous pouvez explorer les îles à pied (mais n'oubliez pas qu'il faut faire 5 km à pied pour se rendre d'un bout à l'autre des îles), à vélo (location sur place, près de la jetée de Centre Island), en patins à roues alignées ou à bord d'un petit train bala-deur *(6$; mai à sept tlj; 416-392-8192)* qui fait une excursion guidée des îles (ce n'est pas un moyen de transport).

Centre Island [1]

Centre Island est la plus fréquentée des îles. L'**Avenue of the Islands** est bordée de plates-bandes, de bassins ondoyants, de fontaines et piscines où l'on peut se rafraîchir et de magnifiques pelouses. Ces vastes étendues se prêtent d'ailleurs fort bien aux pique-niques.

Les plages se trouvent du côté sud de Centre Island, notamment **Manitou Beach** [2] et **Hanlan's Point Beach** [3], l'une des seules plages publiques nudistes en Amérique du Nord (dite «Clothing Optional», car les non-nudistes sont aussi les bienvenus!).

Du côté est de l'archipel, un petit pont de bois mène à **Algonquin Island** [4] et à ses coquettes rues flanquées de cottages, dont plusieurs ont fait l'objet de grands soins au fil des ans.

Les îles de Toronto

À voir, à faire ★

1. CZ Centre Island
2. CZ Manitou Beach
3. BZ Hanlan's Point Beach
4. EZ Algonquin Island

5. CZ Centreville Amusement Park/Far Enough Farm
6. EY Ward's Island
7. EY Ward's Island Beach

Cafés et restos ●

8. EZ The Rectory Cafe

Les îles de Toronto

Centreville Amusement Park [5]

accès libre au site, manèges payants, possibilité de laissez-passer d'une journée 24$ à 31$; mai à sept tlj; 416-203-0405, www.centreisland.ca; métro Union Station, puis autobus 509 Harbourfront

Si vous êtes accompagné d'enfants en bas âge, arrêtez-vous au **Centreville Amusement Park** et sur le site adjacent de la **Far Enough Farm**. Centreville est un parc d'attractions à l'ancienne datant de 1833, soit un an avant que la ville de York ne devienne Toronto. Grande roue classique, autos tamponneuses, «pitoune» (manège aquatique où vous prenez place à bord d'un faux tronc d'arbre) et un joli carrousel des années 1890. La *Far Enough Farm* est un petit zoo d'animaux familiers qu'on peut caresser, avec des animaux de la ferme notamment.

Ward's Island [6]

Tout à fait à l'est de l'archipel se trouve Ward's Island. Vous y verrez d'autres cottages pittoresques et vous pourrez relaxer sur la petite **Ward's Island Beach** [7], la plage la plus tranquille et la plus propre des îles. Le quai de la navette de Ward's Island se trouve à proximité.

Cafés et restos

(voir carte p. 35)

The Rectory Cafe *$-$$* [8]

102 Lakeshore Ave., Ward's Island, www.therectorycafe.com

Ce bistro de qualité offre l'ambiance chaleureuse d'une demeure insulaire. Centre de diffusion d'art local, il propose en toutes saisons un menu simple le midi qui se raffine en soirée. Grande terrasse parfaite pour déguster sandwichs et salades tout en admirant un coucher de soleil sur le lac.

Le quartier des affaires et du spectacle

3 ↘

Le quartier des affaires et du spectacle

À voir, à faire

(voir carte p. 39)

Vous êtes ici dans la plus grande concentration de gratte-ciel au Canada. En Amérique du Nord, seules les villes de Chicago et New York ont des *skylines* plus impressionnants. Et seule Montréal surpasse la célèbre ville souterraine de Toronto (Underground City) et ses innombrables corridors commerciaux. Ce centre financier majeur prend des allures de fête le soir. Des dizaines de milliers de résidents, travailleurs et touristes investissent bruyamment les bars et les *lounges* pour les cinq à sept, et les nombreux restaurants accueillent les dîneurs avant leur sortie au théâtre ou dans l'une des boîtes de nuit du quartier. Le jour, la ville appartient aux légions de gens pressés et bien vêtus qui font battre le cœur économique de la métropole du Canada. Leur tourbillon bien orchestré et discipliné impressionne par sa diversité à la fois harmonieuse et multiculturelle.

CN Tower ★ ★ ★ [1]
plateforme d'observation 24$; tlj 9h à 23h; 301 Front St. W., 416-868-6937, www.cntower.ca; métro Union Station

Le symbole de Toronto domine la ville du haut de ses 553,33 m, ce qui en fait l'une des structures les plus élevées du monde. La tour du CN a été construite de 1973 à 1976 pour faciliter la transmission des ondes radio et télé au-delà des nombreux édifices du centre-ville. Pour éviter les longues files, il est préférable de s'y rendre tôt le matin ou vers la fin de la journée, surtout au cours de la saison estivale et la fin de semaine. Le meilleur plan est d'arriver au moins 1h avant le coucher du soleil,

CN Tower.

Le quartier des affaires et du spectacle

ainsi on pourra admirer le paysage le jour, au crépuscule et la nuit…

Située à 346 m de hauteur et aménagée sur quatre niveaux, la plate-forme d'observation principale comprend une cage d'observation extérieure, un salon d'observation et un centre d'interprétation intérieurs comportant un plancher de verre. Sur le toit se trouve l'**Edge Walk** *(supplément de 175$; mai à oct)*, la promenade extérieure la plus élevée du monde; pendant 30 min, les courageux marcheurs qui s'y aventurent sont retenus par des câbles sur une corniche circulaire de 1,5 m à 356 m du sol. D'autres ascenseurs mènent au **Sky Pod** *(supplément de 10$)*, à 447 m d'altitude. La vue qu'il offre est inoubliable, avec la ville et ses gratte-ciel d'un côté et le lac et ses îles de l'autre. La tour du CN propose aussi un bar chic et un restaurant gastronomique tournant.

Juste à l'ouest de la tour du CN se trouve une autre icône architecturale : le Rogers Centre.

Rogers Centre ★ ★ [2]
visite guidée 16$; 1 Blue Jay Way, 416-341-1707, www.rogerscentre.com; métro Union Station

Stade à toit rétractable de 46 000 places, en cas de mauvais temps ses quatre panneaux montés sur rails peuvent se refermer en 20 min malgré leurs 11 000 tonnes. Depuis son ouverture en 1989, ce remarquable édifice abrite le seul club de baseball majeur hors des États-Unis, les Blue Jays de l'American League, de même que l'équipe de football canadien (similaire au football américain), les Argonauts de la Ligue canadienne de football (LCF).

Le quartier des affaires et du spectacle

À voir, à faire ⭐

1.	CZ	CN Tower/Edge Walk/Sky Pod
2.	BZ	Rogers Centre
3.	BY	TIFF Bell Lightbox
4.	CY	Princess of Wales Theatre
5.	CY	Royal Alexandra Theatre
6.	CY	Roy Thomson Hall
7.	CZ	CBC Broadcasting Centre/CBC Museum
8.	CY	Sun Life Tower
9.	DY	First Canadian Place/Toronto Stock Exchange
10.	DY	Toronto-Dominion Centre
11.	DY	Canada Permanent Building
12.	DY	Scotia Plaza
13.	DY	Canadian Imperial Bank of Commerce Building
14.	DY	Commerce Court
15.	DY	Original Toronto Stock Exchange
16.	DY	Design Exchange
17.	DZ	Royal Bank Plaza
18.	DZ	Union Station
19.	DZ	Fairmont Royal York
20.	DZ	Brookfield Place
21.	DY	Hockey Hall of Fame
22.	DY	The Bay
23.	EX	Elgin and Winter Garden Theatres
24.	EX	Canon Theatre
25.	DX	Eaton Centre
26.	DX	Church of the Holy Trinity/Rectory/Scadding House
27.	DX	New City Hall
28.	DX	Old City Hall
29.	DX	Nathan Phillips Square

Cafés et restos ●

30.	CZ	360 Restaurant
31.	CY	Aroma Fine Indian Cuisine
32.	DX	Barberian's Steak House
33.	DZ	Bardi's Steak House
34.	EZ	Biff's Bistro
35.	AY	Brassaii
36.	DY	Canoe
37.	BY	Dhaba Indian Excellence
38.	EY	Eight Wine Bar
39.	DZ	Epic
40.	BY	Fred's Not Here
41.	EY	Hero Certified Burgers
42.	DZ	Kenzo Ramen
43.	DZ	Ki
44.	BY	Kit Kat Italian Bar & Grill
45.	DX	Lai Wah Heen
46.	BY	Pizza Rustica
47.	EX	Salad King
48.	DY	The Blue Chip Truck
49.	BY	Wayne Gretzky's

Bars et boîtes de nuit ↵

50.	EY	Beer Bistro
51.	AY	Cheval
52.	CY	Crocodile Rock
53.	AY	Devil's Martini
54.	CY	Elephant & Castle
55.	DZ	Library Bar
56.	CY	N'Awlins
57.	CY	The Fifth Social Club
58.	EX	The Imperial Pub
59.	BY	This is London

Salles de spectacle ♦

60.	EX	Elgin & Winter Garden Theatres
61.	CY	Four Seasons Centre for the Performing Arts
62.	EX	Massey Hall
63.	CY	Princess of Wales Theatre
64.	CY	Roy Thomson Hall
65.	CY	Royal Alexandra Theatre
66.	EZ	Sony Centre for the Performing Arts
67.	EX	Toronto Centre for the Arts

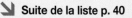 ↘ **Suite de la liste p. 40**

©ULYSSE

Le quartier des affaires et du spectacle *(suite)*

Lèche-vitrine ■

68. CZ	CN Tower Gift Shop	**72.** CY	Toronto Antiques on King
69. DZ	Spirit of Hockey	**73.** EX	Toronto Eaton Centre
70. DY	The Bay	**74.** DX	World's Biggest Bookstore
71. CY	The Music Store		

Hébergement ▲

75. EX	Bond Place Hotel	**81.** EY	Hotel Victoria
76. EY	Cambridge Suites Hotel	**82.** CZ	InterContinental Toronto Centre
77. BY	Canadiana Backpackers Inn	**83.** BZ	Renaissance Toronto Downtown
78. EY	Cosmopolitan Toronto Hotel and		Hotel
	Residences	**84.** DY	Sheraton Centre Toronto
79. DZ	Fairmont Royal York	**85.** DZ	The Strathcona Hotel
80. BY	Hôtel Le Germain		

Remontez John Street (qui part de Front Street entre la tour du CN et le Rogers Centre) jusqu'à King Street.

TIFF Bell Lightbox ★★ [3]

350 King St. W., 416-599-8433 ou 888-599-8433, www.tiff.net, métro St. Andrew Station

Ce complexe ultramoderne de cinq étages comprend un splendide atrium, cinq salles de cinéma, deux salles d'exposition, un bistro, un restaurant et un *lounge*. On y présente les œuvres en lice pendant le célèbre **Toronto International Film Festival (TIFF)** (voir p. 144), mais aussi d'autres films et événements liés au cinéma tout au cours de l'année. Le Bell Lightbox est aussi le siège social du TIFF.

Marchez un peu vers l'est dans King Street.

Princess of Wales Theatre ★ [4]

300 King St. W., 416-872-1212 ou 800-461-3333, www.mirvish.com; métro St. Andrew Station

Ce théâtre fut construit en 1993 par la riche famille Mirvish pour présenter des comédies musicales dignes de Broadway. Aucune visite n'est autorisée, mais jetez un coup d'œil à l'intérieur afin d'apprécier le décor minimaliste du hall d'entrée, axé sur la lune et les étoiles.

Continuez vers l'est dans King Street.

Royal Alexandra Theatre ★★ [5]

260 King St. W., 416-872-1212 ou 800-461-3333, www.mirvish.com; métro St. Andrew Station

Le Royal Alexandra Theatre est nommé en l'honneur de l'épouse du roi Edward VII. On l'appelle

TIFF Bell Lightbox.

aujourd'hui simplement le «Royal Alex». Sans cesse fréquenté par l'élite de Toronto depuis son ouverture en 1907, le Royal Alex est renommé pour son fastueux style édouardien et son décor Beaux-Arts, rehaussés de voluptueux velours rouge, de brocarts d'or et de marbre vert.

Traversez King Street.

Roy Thomson Hall ★★★ [6]
60 Simcoe St., 416-872-4255, www.roythomson.com; métro St. Andrew Station

Cette construction futuriste arbore 3 700 m² de verre réfléchissant. Son hall est incroyablement lumineux, et sa grande salle de concert jouit d'une acoustique exceptionnelle qu'exploitent le Toronto Symphony Orchestra et le Mendelssohn Choir.

Marchez un peu vers le sud jusqu'à Wellington Street, puis tournez à droite.

CBC Broadcasting Centre ★ [7]
250 Front St. W., entrée au 205 Wellington St., 416-205-8782; métro St. Andrew Station

Le Centre canadien de radiodiffusion est facilement reconnaissable par son extérieur rouge unique d'aspect grillagé et ses façades angulaires. C'est le siège principal du réseau anglophone de la Canadian Broadcasting Corporation (CBC) de même que de la radio et de la télé francophones régionales de Radio-Canada. Un atrium lumineux de 10 étages – fort impressionnant – honore le hall d'entrée où se trouve aussi le petit **CBC Museum** ★ *(entrée libre; lun-ven 9h à 17h; 250 Front St. W., 416-205-5574,*

Le quartier des affaires et du spectacle

Sun Life Tower.

www.cbc.ca/museum/visit.html). Des éléments d'exposition interactifs retracent ici l'histoire de la radio et de la télévision au Canada.

Ce circuit vous entraîne maintenant au cœur même du quartier des affaires (Financial District) de Toronto. Cette portion du circuit s'étend entre Adelaide Street au nord et Front Street au sud, puis entre University Avenue à l'ouest et Yonge Street à l'est.

Sun Life Tower ★★ [8]
150-200 King St. W.

Les photographes adorent ce bel édifice bleuté composé de tiges d'acier et de verre miroir. Il se dresse en face de l'église écossaise St. Andrews, à l'angle des rues Simcoe et King. La sculpture dont se pare sa façade est l'œuvre de l'artiste canadien d'origine roumaine Sorel Etrog.

Poursuivez votre route par King Street jusqu'à York Street.

First Canadian Place ★★ [9]
100 King St. W., 416-862-8138,
www.fcpfirst.com

Cet édifice a une allure austère, et sa base massive n'a rien pour vous charmer. Néanmoins, l'espace commercial aménagé à l'intérieur s'avère lumineux et aéré. La First Canadian Place abrite la Bourse de Toronto, le fameux **Toronto Stock Exchange ★★**, point de mire de la haute finance canadienne. Le centre d'accueil des visiteurs se trouve au rez-de-chaussée. Vous pourrez vous imprégner de l'activité du parquet à partir d'une galerie d'observation.

Ed Mirvish

Le regretté Ed Mirvish était un homme d'action. Originaire de la Virginie, aux États-Unis, sa famille déménagea à Toronto alors qu'il était âgé de neuf ans. Lorsqu'il en eut 15, son père mourut, et Ed prit la tête de l'épicerie familiale. Par la suite, les entreprises personnelles de vente au détail de Mirvish allaient cependant prendre beaucoup plus d'ampleur.

Criard, et pourtant savoureux sous la splendeur de ses néons, le porte-flambeau de ses commerces de vente à rabais, **Honest Ed's** (voir p. 112), a ouvert ses portes en 1948, et depuis lors les volumes importants et les marges bénéficiaires restreintes ont servi de fondement à son entreprise. Ses clients profitent au quotidien de «prix à tout casser».

Ed Mirvish jouissait également d'une certaine réputation de philanthrope, puisque son intérêt grandissant pour la musique, le ballet et le théâtre l'a incité à sauver l'historique **Royal Alexandra Theatre** en 1963 de même qu'à acheter et à restaurer l'**Old Vic** de Londres, en Angleterre. Son fils David dirige maintenant le Royal Alexandra. Ensemble, ils ont aussi construit un théâtre, le **Princess of Wales Theatre**. Ed Mirvish est décédé en juillet 2007, à l'âge de 92 ans.

Le quartier des affaires et du spectacle

Poursuivez par la rue King, puis arrêtez-vous à mi-chemin entre les rues York et Bay.

Toronto-Dominion Centre ★★ [10]
55 King St. W., www.tdcentre.ca

Réalisé au milieu des années 1960 par le célèbre moderniste Ludwig Mies van der Rohe, l'impressionnant Toronto-Dominion Centre s'impose comme le premier ensemble de gratte-ciel d'envergure internationale construit à Toronto. Ces simples tours noires pourront vous sembler peu inspirées, mais l'usage de matériaux coûteux et le respect minutieux des proportions ont promu le Toronto-Dominion Centre au rang des constructions les plus réputées de la ville. Et il constitue un symbole de ce que l'architecture massive des années 1960 avait de plus pur et de plus noble.

Remontez Bay Street vers le nord.

Canada Permanent Building ★★ [11]
320 Bay St.

À l'angle d'Adelaide Street et de Bay Street surgit le Canada Permanent Building . La splendeur de son entrée voûtée et de son plafond à caissons semble avoir fait fi des temps difficiles qui s'annonçaient en 1929, lorsqu'on entreprit sa construction. Le hall d'entrée s'impose comme une pure merveille à la gloire du style Art déco; ne manquez pas d'aller jeter un coup d'œil sur les portes d'ascenseur en bronze, garnies de personnages de l'Antiquité.

Scotia Plaza ★ [12]
30 King St. W., www.scotiaplaza.com

Dirigez-vous vers l'est par Adelaide Street et traversez la cour arrière de la trapézoïdale et rougeoyante Scotia Plaza, avant de pénétrer à l'intérieur du bâtiment à proprement parler et de franchir son hall d'entrée impressionnant pour retourner à King Street. La façade de la Scotiabank se fait visible de l'intérieur de cet ajout qui s'harmonise assez bien à l'environnement. C'est un bâtiment extrêmement impressionnant.

Canadian Imperial Bank of Commerce Building ★★★ [13]
25 King St. W.

En quittant la Scotia Plaza, vous serez saisi par la silhouette, juste en face, du Canadian Imperial Bank of Commerce Building, souvent considéré comme la plus belle banque et le plus bel immeuble de bureaux du quartier des affaires de Toronto. L'époustouflant intérieur de ce monumental édifice roman est rehaussé de pierre rosée, de moulures dorées et d'une voûte en berceau à caissons bleus. Cet édifice fut longtemps la plus haute construction du Commonwealth britannique. Entre les rues Bay et Yonge, le **Commerce Court ★** [14] *(243 Bay St.)* englobe le CIBC Building ainsi qu'un gratte-ciel élancé de verre et d'acier dont la construction remonte au début des années 1970.

Poursuivez vers le sud dans Bay Street.

Original Toronto Stock Exchange ★★★ [15]
234 Bay St.

Du côté est de Bay Street, environ à mi-chemin entre King Street et Wellington Street, vous découvrez l'Original Toronto Stock Exchange, l'ancienne Bourse de Toronto, maintenant le **Design Exchange ★** [16] (un centre de mise en valeur du design canadien). C'est toujours le bâtiment le plus typiquement Art déco de la ville. Contemplez la frise de près de 23 m de long qui orne le haut du portail.

Poursuivez votre chemin vers le sud dans Bay Street.

Royal Bank Plaza ★★★ [17]
200 Bay St.

La façade miroitante dorée de la Royal Bank Plaza est de toute beauté. Deux tours triangulaires

Original Toronto Stock Exchange.

sont réunies par un bel atrium de verre. Au sous-sol s'étendent un complexe commercial et une foire alimentaire.

Reprenez Bay Street vers le sud jusqu'à Front Street et tournez à droite.

Union Station ★ ★ [18]
65-75 Front St. W.

La gare centrale domine Front Street entre les rues Bay et York. Elle occupe sans contredit le premier rang des gares canadiennes pour la taille et la magnificence des lieux. Conçue dans l'esprit des grands terminaux américains, elle emprunte ses colonnes et ses plafonds à caissons aux basiliques romaines de l'Antiquité. La gare, dont la construction a été entreprise en 1915 mais achevée en 1927

seulement, est l'une des œuvres maîtresses des architectes Ross et Macdonald de Montréal. Sa façade, qui donne sur Front Street, fait plus de 250 m de long.

Fairmont Royal York ★ ★ [19]
100 Front St. W.

En face de la gare, l'hôtel Fairmont Royal York fait forte impression pour qui descend du train à l'Union Station. Il envoie clairement au visiteur le message que la Ville reine est une grande métropole. Le plus vaste des anciens hôtels du Canadien Pacifique renferme plus de 1 500 chambres réparties sur 25 étages. Tout comme la gare, l'établissement a été dessiné par les architectes montréalais Ross et Macdonald, qui ont combiné, à l'habituel style château des hôtels ferroviaires, des éléments lombards

1. Coupe Stanley, Hockey Hall of Fame.
2. Brookfield Place.

Le quartier des affaires et du spectacle

et vénitiens semblables à ceux de leurs réalisations montréalaises (le Dominion Square Building, l'ancien grand magasin Eaton). Le hall est riche et superbe; on peut s'y arrêter et faire une pause cossue dans un des nombreux fauteuils et canapés qui l'ornent.

Brookfield Place ★ ★ ★ [20]
181 Bay St.

La Brookfield Place est composée de deux tours jumelles reliées par une magnifique galerie de verre de cinq étages supportée par une énorme structure de nervures métalliques blanches. À voir absolument, c'est l'un des grands symboles architecturaux de Toronto. La Brookfield Place s'étend de Bay Street jusqu'à Yonge Street. Il est très agréable de s'y arrêter

quelques moments pour se reposer ou y manger.

Hockey Hall of Fame ★ ★ [21]
17,50$; fin juin à début sept lun-sam 9h30 à 18h, dim 10h à 18h, reste de l'année lun-ven 10h à 17h, sam 9h30 à 18h et dim 10h30 à 17h; 30 Yonge St., 416-360-7735, www.hhof.com

C'est aussi par la Brookfield Place que vous pourrez atteindre le célèbre Hockey Hall of Fame, le paradis des amateurs de hockey sur glace. Vous y trouverez tout ce qui a marqué l'histoire du hockey amateur, professionnel et international. Dix-sept zones thématiques couvrent près de 6 000 m², soit la superficie de trois patinoires de hockey. Vous verrez de près la Coupe Stanley originale, offerte par Lord Stanley of Preston en 1892. C'est le plus vieux trophée du sport professionnel en Amérique du Nord. Plus de 300 plaques rendent hom-

Yonge Street

Yonge Street (prononcer «young») a longtemps été citée dans le *Livre des records Guinness* comme étant la plus longue route au monde, mais elle fut récemment détrônée par la Pan-American Highway. L'artère, qui a fêté ses 200 ans en 1996, porte le même nom sur 1 896 km, soit des rives du lac Ontario jusqu'à la ville de Rainy River, dans le nord-ouest de l'Ontario. Elle suit le tracé d'un sentier qui fut d'abord utilisé par les Hurons, puis par l'explorateur français Étienne Brûlé.

La construction de cette route fut commencée dans les années 1790, sous les ordres du gouverneur John Graves Simcoe, afin de faciliter la communication entre la nouvelle ville de York (Toronto) et la baie Georgienne en cas de conflit avec les Américains. Une fois le risque d'une guerre avec le voisin du Sud éliminé, Yonge Street devint pour les Torontois, au cours du XIXe siècle, une artère plus commerçante. Elle sépare aujourd'hui l'est et l'ouest de la ville et bourdonne d'activités grâce à ses musées, ses théâtres et ses nombreuses boutiques de toutes sortes.

mage aux joueurs qui ont marqué le hockey professionnel.

Remontez Yonge Street jusqu'à Queen Street.

The Bay [22]
angle Yonge St. et Queen St.

Le grand magasin The Bay (La Baie) occupe l'angle sud-ouest de cette intersection de même que tout le côté sud de Queen Street jusqu'à Bay Street. La structure originale de six étages (1895) qui se trouve directement à l'angle des rues Yonge et Queen arbore de jolis ornements en terre cuite. Par ailleurs, une annexe de style Art déco adjointe à l'ensemble en 1928 donna lieu dans tout le magasin à une somptueuse rénovation que reflète bien l'entrée située à l'angle des rues Richmond et Yonge.

Le quartier des affaires et du spectacle

Le quartier des affaires et du spectacle

Empruntez Yonge Street en direction nord. Sur votre gauche resplendit la façade de ce haut lieu du magasinage qu'est l'Eaton Centre, tandis que sur votre droite vous ne tarderez pas à apercevoir d'autres majestueux théâtres de Toronto, à savoir les Elgin and Winter Garden Theatres et le Canon Theatre.

Elgin and Winter Garden Theatres ★★ [23]

12$; visite guidée d'une heure; jeu 17h, sam 11h;
189 Yonge St., 416-314-2871,
www.heritagetrust.on.ca; métro Queen Station

Les Elgin and Winter Garden Theatres forment ensemble le dernier complexe théâtral à deux étages encore en activité au monde. Inaugurés en 1914, ils furent d'abord des théâtres de vaudeville; l'Elgin, au rez-de-chaussée, se voulait l'opulence même, alors que le Winter Garden, à l'étage, s'imposait comme un des premiers théâtres «atmosphériques» avec ses murs à treillis et ses colonnes déguisées en troncs d'arbre sous un plafond de feuilles véritables. Ces purs joyaux ont été restaurés par l'Ontario Heritage Centre et accueillent de nouveau des troupes de théâtre. Possibilité d'avoir une visite guidée en français en appelant au 416-325-5015.

Canon Theatre ★ [24]

263 Yonge St., 416-364-4100,
www.canon-theatre.com; métro Dundas Station

À une certaine époque le plus grand théâtre de vaudeville de tout l'Empire britannique, le Canon Theatre a retrouvé sa splendeur d'antan en 1989.

Eaton Centre ★★ [25]

220 Yonge St., 416-598-8560,
www.torontoeatoncentre.com; métro Dundas Station

L'Eaton Centre couvre toute la distance entre les rues Queen et Dundas! Cette immense arcade à toit de verre (inspirée par la Galleria Vittorio Emanuele II de Milan) est un centre commercial de cinq étages. En levant la tête, vous verrez le magnifique vol de bernaches en fibre de verre de l'artiste torontois Michael Snow, une œuvre intitulée *Step Flight* qui a été suspendue au-dessus de la galerie marchande.

Lorsque vous aurez vu suffisamment de boutiques, quittez le Centre Eaton par le Trinity Square, à l'angle nord-ouest du centre commercial.

Church of the Holy Trinity ★★ [26]

10 Trinity Square, 416-598-4521,
www.holytrinitytoronto.org; métro Dundas Station

Ce charmant havre a bien failli ne jamais exister. La Church of the Holy Trinity, qui date de 1847, et ses voisins, le **Rectory** (1861) et la **Scadding House** (1857), font partie des plus vieux édifices de Toronto, mais les plans initiaux du Centre Eaton prévoyaient leur démolition. Heureusement, suffisamment de gens se sont opposés à ce projet pour qu'on décide de construire l'immense centre commercial en épargnant ces trois structures.

New City Hall.

Descendez James Street jusqu'à Queen Street et marchez vers l'ouest.

New City Hall ★ ★ [27]
100 Queen St. W.; métro Queen Station

En 1965, l'administration municipale de Toronto quitte son hôtel de ville victorien (**Old City Hall** [28], au 60 Queen Street West) pour emménager dans un édifice moderniste qui est immédiatement devenu un symbole de Toronto. Réalisé à la suite d'un concours international, il est l'œuvre du Finlandais Viljo Revell, le maître à penser du rationalisme scandinave de l'après-guerre. Ses deux tours recourbées de hauteur différente sont comme deux mains entrouvertes protégeant la structure en forme de soucoupe qui abrite la salle du conseil. Les rampes qui mènent à l'étage sont ouvertes au public, ce qui accorde de fort jolies vues. On peut y lire ou pique-niquer, entouré de terrasses végétales avant-gardistes.

Nathan Phillips Square ★ ★ ★ [29]

Devant l'hôtel de ville, ce vaste espace public est marqué par un grand bassin d'eau, franchi par trois arches, qui se transforme en une patinoire l'hiver. Ce square est le cœur de la vie publique au centre-ville. On y trouve de l'animation en continu, de la musique en direct, un petit marché fermier et un feu roulant d'événements spéciaux l'été.

Cafés et restos

(voir carte p. 39)

Hero Certified Burgers $ [41]
79A Yonge St., 416-366-4376,
www.heroburgers.com

Cette petite chaîne torontoise tente de donner des lettres de noblesse au sandwich rond. Ses viandes de bœuf Angus et son saumon sauvage ne contiennent ni hormones ni antibiotiques.

Kenzo Ramen $ [42]
138 Dundas St., 416-205-1155,
www.kenzoramen.ca

On goûte ici à petit prix aux grandes spécialités nippones hors sushis, dont le fameux *ramen*, cette soupe aux nouilles au bouillon divin qui fait saliver les Japonais. Les émincés de porc qui flottent dans la soupe fondent dans la bouche, et le *tacoyaki* (boule de pieuvre cuite au four) ouvre des horizons culinaires nouveaux.

Salad King $ [47]
335 Yonge St., 416-971-7041,
www.saladking.com

Ce restaurant thaïlandais attire les étudiants de la Ryerson University. L'atmosphère est jeune et sans chichis: on vient ici pour savourer d'excellents mets thaïlandais proposés à des prix bien en-deçà de leur qualité.

The Blue Chip Truck $ [48]
Queen St. W., devant le Nathan Phillips Square et le New City Hall

Les camionnettes qui servent du *fast food* sont typiques de Toronto. Devant le célèbre hôtel de ville, The Blue Chip Truck est une coche au-dessus des autres. Plus propre, plus souriant, plus délicieux, il permet aux petits budgets de manger sur un banc de parc devant l'un des symboles de Toronto.

Aroma Fine Indian Cuisine $$ [31]
287 King St. W., 416-971-7242,
www.aroma.sites.toronto.com

Dans une salle agréable au décor sobre, la clientèle indienne fidèle sait apprécier l'authenticité et la qualité des plats. Beaucoup de plats végétariens. Buffet le midi.

Pizza Rustica $$ [46]
270 W. Wellington St., 416-260-0200,
www.pizzarustica.ca

Un restaurant chaleureux, sans prétention et à prix raisonnable au centre-ville. Grand choix de pizzas, de pâtes et de salades. Goûtez la succulente soupe italienne «de mariage», avec boulettes de viande et pâtes en forme de confettis…

Dhaba Indian Excellence $$-$$$ [37]
309 King St. W., 416-740-6622, www.dhaba.ca

Oubliez les buffets indiens surfaits et les aliments sans surprise noyés dans la sauce: l'inventif chef-pro-

Le quartier des affaires et du spectacle

Kit Kat Italian Bar & Grill.

priétaire de Dhaba déteste les clichés et adore innover. Attendez-vous donc à des créations et à des surprises, dont une chose rare dans les restaurants indiens d'Amérique du Nord : des plats de poisson.

Kit Kat Italian Bar & Grill $$-$$$ [44]
297 King St. W., 416-977-4461,
www.kitkattoronto.com

Dans un décor un peu brouillon, on sert quelques excellentes spécialités du sud de l'Italie, notamment la polenta grillée et l'osso buco. Étroit et relativement exigu, l'établissement a tout pour créer cette animation qui en fait une maison appréciée tant des gens d'affaires que des vedettes de passage.

Wayne Gretzky's $$-$$$ [49]
99 Blue Jays Way, 416-979-7825,
www.gretzky.com

Près de la tour du CN, cet immense resto-bar sportif constitue un véritable hommage au célèbre hockeyeur originaire de Brantford, à 150 km au sud de Toronto. Rempli de souvenirs de la carrière du héros (chandails de hockey, trophées, patins…), il compte également une grande terrasse sur son toit.

Lai Wah Heen $$-$$$$ [45]
Metropolitan Hotel, 108 Chestnut St.,
416-977-9899, www.laiwahheen.com

Lai Wah Heen est l'empereur des restaurants chinois du centre-ville. Grand raffinement dans les saveurs des mets, l'aménagement des lieux et la qualité du service. Les Occidentaux ne saisissent pas toujours toutes les subtilités du lieu, mais on sent bien qu'on est ici dans un endroit d'exception. Même les desserts sont intéressants. On s'y rend aussi le midi pour ses *dim sum*.

Biff's Bistro $$$ [34]
4 Front St. E., 416-860-0085,
www.oliverbonacini.com

Petit bistro où les ingrédients, le service et le décor sont à la hauteur des grands restaurants. Les classiques sont préparés autant que possible avec des produits régionaux ontariens. Une excellente adresse, du genre qui ne lasse ni ne déçoit jamais. De surcroît, la carte des vins vous surprendra.

Le quartier des affaires et du spectacle

Le quartier des affaires et du spectacle

Brassaii $$$ [35]
461 King St. W., 416-598-4730,
www.brassaii.com

Bistro américain aménagé dans une usine textile centenaire, le Brassaii est nommé en l'honneur du photographe français d'origine hongroise Brassaï. Le menu est restreint mais de qualité. Le foie de veau et le steak constituent d'excellents choix, et la carte des vins est plus qu'à la hauteur des saveurs.

Eight Wine Bar $$$ [38]
Cosmopolitan Toronto Hotel and Residences,
8 Colborne St., 416-350-8188,
www.cosmotoronto.com

Formule de restauration spéciale dans l'original hôtel Cosmopolitan, ce resto-bar est spécialisé dans les vins au verre. Les serveurs expliquent bien les accords vin-mets. D'ailleurs, les mets, traditionnels ou originaux, sont toujours savoureux et plantureux. Desserts magnifiques. Une table plus jouissive qu'intellectuelle.

Fred's Not Here $$$ [40]
321 King St. W., 416-971-9155,
www.fredsnothere.com

Fred's Not Here se donne des airs tranchants avec ses nappes blanches et son décor de verre sculpté. Au menu, du steak, du poisson, des fruits de mer et du gibier. L'atmosphère y est plutôt civilisée, quoique le bar The Red Tomato, au-dessous de l'établissement, puisse parfois devenir assez bruyant. Sa sympathique terrasse fait partie intégrante de l'animation de la rue King.

360 Restaurant $$$-$$$$ [30]
CN Tower, 301 Front St. W., 416-362-5411,
www.cntower.ca

Il faut habituellement se méfier des restaurants panoramiques. Le

1. Brassaii.
2. 360 Restaurant.

Le quartier des affaires et du spectacle

360 pourrait se contenter de proposer un décor altier à 360 degrés, mais son menu est «à la hauteur», et aucune cave à vin reconnue par *Wine Spectator* n'est aussi élevée dans le firmament des établissements torontois. Plats magnifiques, souvent composés d'ingrédients régionaux.

Barberian's Steak House $$$-$$$$ [32]
7 Elm St., 416-597-0335, www.barberians.com
Cette grilladerie mythique de Toronto propose un succulent steak servi dans la meilleure tradition nord-américaine. Les serveurs sont vêtus de noir et de blanc, comme à l'âge d'or des *steakhouses*. Situé dans une vieille résidence d'une rue charmante, près de l'Eaton Centre. Assez cher toutefois.

Bardi's Steak House $$$-$$$$ [33]
56 York St., 416-366-9211, www.bardis.com
Compromis entre qualité et prix raisonnables, Bardi's est éternellement en marge des grilladeries les plus connues. Les vins sont à l'image des steaks, de qualité et à prix modérés. Et le choix ne manque pas – la cave recèle 12 000 bouteilles.

Canoe $$$-$$$$ [36]
TD Centre, 66 Wellington St. W., 416-364-0054, www.oliverbonacini.com
Au 54e étage du TD Centre, Canoe propose une haute gastronomie innovante avec des produits originaux. En prime, le panorama englobant la ville et le lac Ontario est magnifique de là-haut. Si vous ne pouvez vous permettre de vous attabler au restaurant, profitez au moins de la vue qu'on obtient du bar.

Ki.

Le quartier des affaires et du spectacle

Epic $$$-$$$$ [39]
Fairmont Royal York, 100 Front St. W.,
416-860-6949

L'Epic a fait le pari d'aller à l'encontre de l'image du grand hôtel qui l'abrite. La salle à manger est tout en courbes, presque lascives. On voulait ainsi éviter de faire «restaurant d'hôtel». En plus de marier les ingrédients européens classiques avec la nouvelle cuisine nord-américaine, on y utilise seulement les meilleurs produits locaux ou internationaux. Le buffet du petit déjeuner est d'une exquise variété.

Ki $$$-$$$$ [43]
183 Bay St., 416-308-5888

Ki est un petit mot nippon qui veut dire «pur, non dilué, brut». C'est un bien joli mot, et le restaurant de sushis Ki l'est aussi. Salle grande et magnifique. L'intimité est créée par un décor somptueux et les divers espaces décalés. Les classiques sont tranchés par des chefs japonais. Sommelier du saké formé à New York. Belle clientèle qui semble sortie tout droit du *casting* d'un film hollywoodien.

Bars et boîtes de nuit

(voir carte p. 39)

Beer Bistro [50]
18 King St. E., angle Yonge St., 416-861-9268,
www.beerbistro.com

Le plus grand choix de bières à Toronto. Elles proviennent de partout dans le monde. Le cellier à bières recèle les plus rares et les plus précieuses. Très intéressant menu composé de plats à la bière ou qui s'y marient bien. Ce culte voué à la bière attire tellement de monde qu'on se croirait parfois en Belgique ou en Allemagne.

Cheval [51]
606 King St. W., 416-363-4933

On recrée l'ambiance des boîtes de nuit européennes pour une foule branchée comprenant des journalistes, des acteurs et des professionnels du cinéma.

Crocodile Rock [52]
240 Adelaide St. W., 416-599-9751,
www.crocrock.ca

Pour danser sur les grands succès du palmarès, allant de la musique disco aux tubes des années 1980, en passant par le rock. Les tables de billard et la terrasse sur le toit vous feront aussi passer d'agréables moments. Décontracté et sans prétention.

Devil's Martini [53]
473 Adelaide St. W., 416-603-9300,
www.devilsmartini.com

Il n'est guère difficile de deviner quelle est la boisson de prédilection des clients du Devil's Martini, qui propose une terrasse et trois tables de billard.

Elephant & Castle [54]
212 King St. W., 416-598-4455,
www.elephantcastle.com

Face au Roy Thomson Hall, ce maillon de la chaîne de pubs présente un aménagement chaleureux où dominent les boiseries typiques des pubs anglais.

Library Bar [55]
Fairmont Royal York, 100 Front St. W.,
416-368-2511

Bar au charme classique de cet hôtel érigé au début du siècle dernier. Les lieux conviennent bien pour relaxer avec le sourire avant de prendre le train à la tristounette gare d'en face. Cocktails originaux. On peut aussi y manger des plats simples.

N'Awlins [56]
299 King St. W., 416-595-1958, www.nawlins.ca

Un élégant restaurant louisianais doté d'un bar dans l'arrière-salle où se produisent tous les soirs d'excellents musiciens de jazz et de rhythm-and-blues.

The Fifth Social Club [57]
225 Richmond St. W., 416-979-3000,
www.thefifth.com

Ici, différents bars offrent une gamme étendue de vins, de champagnes, de scotchs et de cognacs à une clientèle sophistiquée. On y trouve notamment un bar au décor chaleureux, le Cabin Five, et un restaurant, le Fifth Grill.

The Imperial Pub [58]
54 Dundas St. E., 416-977-4667,
www.imperialpub.com

Trois salles distinctes (l'Aquarium Bar, le Library Lounge et Back of Ye Pub), ainsi qu'une superbe terrasse fleurie sur le toit. Bonne sélection de bières pression, dont quelques produits de microbrasseries locales. Au menu pour prendre une bouchée : sandwichs, hamburgers, *fish and chips*, ailes de poulet, etc.

Le quartier des affaires et du spectacle

1. Four Seasons Centre for the Performing Arts.
2. Sony Centre for the Performing Arts.

This is London [59]
364 Richmond St. W., 416-351-1100,
www.thisislondonclub.com
Un chic bar-discothèque réservé aux jeunes professionnels à l'aise, au décor inspiré et stylisé avec ses planchers en bois et ses canapés en cuir. Le DJ fait jouer un bon choix de musique allant des derniers succès au disco, en passant par le soul et le rhythm-and-blues.

Salles de spectacle

(voir carte p. 39)

Elgin & Winter Garden Theatres [60]
189 Yonge St., 416-314-2901,
www.heritagetrust.on.ca
Deux salles spectaculaires posées l'une sur l'autre (c'est unique au monde) où l'on présente du théâtre classique, des comédies musicales, de l'opéra, des concerts de jazz, etc.

Four Seasons Centre for the Performing Arts [61]
145 Queen St. W.
Le seul opéra à cinq étages en demi-cercle au Canada. S'y produisent la **Canadian Opera Company** *(www. coc.ca, 416-363-8231)* et le **National Ballet of Canada** *(416-345-9595, www.national.ballet.ca)*.

Massey Hall [62]
178 Victoria St., 416-872-4255,
www.masseyhall.com
L'excellente acoustique du magnifique Massey Hall rehausse la qualité des spectacles les plus variés, des concerts rock aux représentations théâtrales.

Le quartier des affaires et du spectacle

Princess of Wales Theatre [63]
300 King St. W., 416-872-1212,
www.princess-of-wales-theatre.com

Construit tout spécialement pour accueillir des comédies musicales, le Princess of Wales Theatre continue aujourd'hui de présenter du théâtre musical, entre autres.

Roy Thomson Hall [64]
60 Simcoe St., 416-872-4255,
www.roythomson.com

Le Toronto Symphony Orchestra et le Toronto Mendelssohn Choir ont tous deux élu domicile au Roy Thomson Hall, à l'acoustique exceptionnelle. Il faut assister à un spectacle pour obtenir la vue superbe qu'offrent les couloirs qui semblent flotter entre la salle et le toit de verre futuriste.

Royal Alexandra Theatre [65]
260 King St. W., 416-872-1212,
www.mirvish.com

Inauguré en 1907, le vénérable Royal Alexandra Theatre de style Beaux-Arts est une merveille pour les yeux. On y présente du théâtre musical de Broadway et d'autres spectacles flamboyants.

Sony Centre for the Performing Arts [66]
1 Front St. E., 855-872-7669,
www.sonycentre.ca

La plus imposante salle de spectacle au Canada (plus de 3 000 places) présente surtout de grandes compagnies internationales en tournée, dans les disciplines de la danse, de l'opéra, de la musique ou du théâtre.

Le quartier des affaires et du spectacle

1. Toronto Centre for the Arts.
2. Spirit of Hockey.

Toronto Centre for the Arts [67]
5040 Yonge St., 416-733-9388,
www.tocentre.com
Ce grand complexe accueille les meilleures productions de Broadway.

Lèche-vitrine
(voir carte p. 39)

Antiquités

Toronto Antiques on King [72]
284 King St. W., 416-260-9057,
www.torontoantiquesonking.com
Les amateurs d'antiquités et d'objets d'occasion seront ravis de ce concept qui regroupe une vingtaine de commerçants permanents.

Centre commercial et grand magasin

The Bay [70]
176 Yonge St., 416-861-9111, www.thebay.com
Juste au sud de l'Eaton Centre, au-dessus de la station de métro Queen, se dresse une institution torontoise et canadienne, le magasin The Bay, avec ses neuf étages regorgeant d'articles en tous genres.

Toronto Eaton Centre [73]
220 Yonge St., angle Queen St. W.,
416-598-8560, www.torontoeatoncentre.com
L'Eaton Centre demeure l'attraction touristique la plus fréquentée à Toronto. Il regroupe quelque 230 boutiques et est un incontournable pour tout «accro du *shopping*». De plus, son architecture intérieure est saisissante; elle est inspirée par la Galleria Vittorio Emanuele II de Milan. La sculpture constituée de ber-

naches du Canada suspendue au-dessus de la galerie marchande est signée Michael Snow, grand artiste contemporain torontois.

Librairie

World's Biggest Bookstore [74]
20 Edward St., 416-977-7009

Institution torontoise, le World's Biggest Bookstore n'est probablement pas la plus grande librairie au monde, mais sa collection de livres est très impressionnante tout en étant facile à explorer.

Musique

The Music Store [71]
Roy Thomson Hall, 60 Simcoe St., 416-593-4822, poste 358

Cette belle boutique vend entre autres plusieurs des CD d'œuvres symphoniques et chorales enregis-trées par l'Orchestre symphonique de Toronto. Elle est ouverte une heure avant et une heure après les spectacles, ou sur rendez-vous.

Offrir

CN Tower Gift Shop [68]
301 Front St. W., 888-684-3268

Cette boutique de souvenirs est consacrée en grande partie à la célèbre tour qui l'abrite, de même qu'à l'artisanat canadien.

Spirit of Hockey [69]
Hockey Hall of Fame, 30 Yonge St., 866-267-1390, www.hhof.com

Boutique du célèbre Hockey Hall of Fame, Spirit of Hockey vend les incontournables survêtements, chandails de hockey, casquettes, t-shirts, livres et accessoires rat-tachés au monde du hockey profes-sionnel et international.

Le quartier des affaires et du spectacle

Old Town Toronto et le Distillery District

4 ↘

Old Town Toronto et le Distillery District

À voir, à faire

(voir carte p. 63)

C'est à l'intérieur du rectangle formé par les rues George, Berkely, Adelaide et Front que le commandant John Graves Simcoe de l'armée britannique a fondé en 1793 la ville de York, qui allait devenir Toronto. Cette partie de la ville fut pendant longtemps le centre de l'activité économique, principalement grâce au port donnant sur le lac Ontario. À la fin du XIXe siècle, le centre économique se déplaça lentement vers ce qui est aujourd'hui le quartier des affaires, laissant ainsi à l'abandon tout un quartier de la ville. Le quartier de St. Lawrence a été l'objet d'un réaménagement sérieux au cours des 25 dernières années, financé par les gouverne-

ments fédéral, provincial et municipal. Détruit à près de 50% dans les années 1960 pour faire place au gratte-ciel, le vieux Toronto est un secteur à la mode où l'on élit volontiers domicile. On y retrouve un heureux mélange d'architectures des XIXe et XXe siècles où se croisent les différents groupes socioéconomiques de la métropole canadienne.

Gooderham Building ★★ [1]
49 Wellington St.; métro Union Station

Un des symboles de Toronto, le Gooderham Building est souvent appelé le Flatiron Building à cause de sa structure triangulaire rappelant la forme de son fameux cousin de New York. Derrière l'édifice, la *Flatiron Mural* ne représente pas, contrairement à ce que beaucoup de gens croient, les fenêtres du Gooderham Building, mais plutôt la façade du

Flatiron Mural du Gooderham Building.

Perkins Building, situé de l'autre côté de la rue, au 41-43 Front Street East.

Marchez vers l'est dans Wellington Street jusqu'à Church Street et tournez à gauche. Continuez jusqu'à King Street.

St. Lawrence Hall ★ [2]
157 King St. E.; métro King Station

D'un style victorien majestueux, le St. Lawrence Hall a été construit pour la présentation de concerts et de grands bals. C'était le cœur de la vie mondaine torontoise des années 1850-1900. **Heritage Toronto** *(416-338-0684, www. heritagetoronto.org)* a aménagé ses bureaux au troisième étage du bâtiment. L'organisation propose des visites guidées à caractère historique et patrimonial.

St. James Park [3]
vers l'ouest, presque en face du St. Lawrence Hall

Le St. James Park est un jardin du XIXe siècle orné d'une petite fontaine parisienne et de buissons de fleurs saisonnières. Asseyez-vous sur un des nombreux bancs, d'où vous verrez, à l'angle de Church Street et de King Street, la St. James Cathedral.

St. James Cathedral ★★ [4]
angle Church St. et King St.

La première cathédrale anglicane à avoir été construite à Toronto. Érigée en 1819, elle fut détruite par l'incendie de 1849, qui avait alors ravagé une partie de la ville. La St. James Cathedral que vous voyez aujourd'hui fut reconstruite sur les ruines de la précédente.

Revenez à King Street.

Old Town Toronto et le Distillery District

Old Town Toronto et le Distillery District

À voir, à faire ★

1.	AY	Gooderham Building
2.	BY	St. Lawrence Hall
3.	BX	St. James Park
4.	BY	St. James Cathedral
5.	AY	Le Méridien King Edward
6.	EZ	Distillery District

Cafés et restos ●

7.	BY	Biaggio Ristorante
8.	BY	C'est What?
9.	AY	Colborne Lane
10.	BX	Golden Thai
11.	BY	Hiro Sushi
12.	BY	Hot House Cafe
13.	BY	Le Papillon on Front
14.	CY	Le Petit Déjeuner
15.	AX	Mercatto

Bars et boîtes de nuit ☽

16.	AZ	BierMarkt Esplanade
17.	BY	C'est What?
18.	AY	Reservoir Lounge

Salles de spectacle ◆

19.	AZ	St. Lawrence Centre for the Arts
20.	DY	Théâtre français de Toronto
21.	CY	Young Peoples Theatre

Lèche-vitrine ■

22.	EZ	Corkin Gallery
23.	EZ	Distill Gallery
24.	BX	Henry's
25.	AX	Open Air Books and Maps
26.	EZ	Shao Design
27.	EZ	SOMA Chocolatemaker
28.	BY	St. Lawrence Market

Hébergement ▲

29.	AY	Le Méridien King Edward

©ULYSSE

DISTILLERY DISTRICT

22, 23
27
Tank House Lane
Mill St.
6
26

Parliament St.

Trinity St.

Sackville St.
Sackville St.
Gilead St.
Trinity St.

Eastern Ave.

King St. E.
Power St.

Defries St.

Berkeley St.
20

CORKTOWN

The Esplanade
Scadding Ave.
Longboat Ave.

Gardiner Expressway

Ontario St.
Ontario St.

Princess St.

Adelaide St. E.

Sherbourne St.

Front St. E.

21

Frederick St.
14

David Crombie Park

ST. LAWRENCE

Queen St. E.

Richmond St. E.

Britain St.

George St.

11

Wilton St.

TOWN OF YORK

Jarvis St.

Lombard St.

2
7

3

St. James Park

28
Market St.

10

24

4

13
12   17
8

Church St.

16   The Esplanade

Front St. E.

Lake Shore Blvd. E.

25

15

Toronto St.

9
Leader Ln.

1
18

19
Scott St.

Queen St. E.

Richmond St. E.

Adelaide St. E.

Court St.

King St. E.

5
29

Victoria St.

Colborne St.

Wellington St. E.

Yonge St.

QUEEN

KING

0   100   200m

Le Méridien King Edward ★★ [5]

37 King St. E.; métro King Station; voir p. 129

Ce palace a été conçu en 1903 par E. J. Lennox, l'architecte du **Old City Hall** (voir p. 49), du **Massey Hall** (voir p. 56) et de la **Casa Loma** (voir p. 107). Avec son style édouardien, ses merveilleuses colonnes de faux marbre au rez-de-chaussée et ses magnifiques salles à manger, le King Edward fut l'un des hôtels les plus luxueux de Toronto pendant près de 60 ans, jusqu'à ce que le déclin du quartier fasse baisser sa popularité. Aujourd'hui, il attire de nouveau une clientèle huppée grâce à son ambiance feutrée, à ses superbes chambres spacieuses et à ses deux merveilleux restaurants.

Distillery District.

Dirigez-vous vers le sud par Church Street, puis tournez à gauche dans Front Street, que vous suivrez jusqu'à Parliament Street (prévoyez une marche d'une dizaine de minutes). Tournez à droite dans Parliament Street, puis à gauche dans Mill Street, et marchez jusqu'à la prochaine rue où se dresse l'ancienne distillerie Gooderham & Worts.

Distillery District ★★★ [6]

55 Mills St., www.thedistillerydistrict.com; métro King Station

Situé à l'est du secteur d'Old Town Toronto, le Distillery District est l'un des complexes industriels de style victorien les mieux préservés en Amérique du Nord avec ses coquettes façades de briques rouges. Fréquemment utilisée comme décor pour le cinéma, l'ancienne distillerie Gooderham & Worts est enclavée par la Gardiner Expressway et des développements immobiliers. Son cachet historique et ses nombreux cafés, galeries d'art et restaurants à la mode en font désormais une attraction majeure. Des **visites guidées** *(19$ ou 69$; tlj 11h30 et 15h30; 416-642-0008)* à pied ou en *Segway* («gyropode», c'est-à-dire un véhicule électrique monoplace) sont proposées.

Cafés et restos

(voir carte p. 63)

C'est What? $$ [8]

67 Front St. E., 416-867-9499, www.cestwhat.ca

Plats simples et savoureux de plusieurs origines ethniques, dont des

Cafés et restos

salades alléchantes et des sandwichs innovateurs. On peut y aller jusque tard dans la nuit, ou encore avant ou après un spectacle. L'ambiance ressemble beaucoup à celle d'un pub avec ses chaises confortables, ses jeux de société et sa musique d'ambiance. Grand choix de bières pression.

Hot House Cafe $$ [12]
Market Square, 35 Church St., 416-366-7800, www.hothousecafe.com

Un beau grand restaurant spécialisé dans les pâtes savoureuses et les pizzas fines. Les sauces sont onctueuses et pleinement saupoudrées de fines herbes et d'aromates. Les serveurs sont rapides, habitués au service empressé d'un quartier entouré de salles de spectacle. Hormis les mets «italianisants», on y sert des steaks, des sandwichs et des plats végétariens.

Le Petit Déjeuner $$ [14]
191 King St. E., 416-703-1560, www.petitdejeuner.ca

Ce restaurant comporte plusieurs attraits fort séduisants. Le décor vieillot est bien préservé et invitant. Le personnel est jeune et engageant. La musique est relaxante sans être envahissante. Et surtout, la nourriture offre un juste équilibre d'originalités et de valeurs sûres. Malgré son nom, on y sert les trois repas de la journée.

Golden Thai $$-$$$ [10]
105 Church St., 416-868-6668, www.goldenthai.ca

Le Golden Thai est un restaurant prisé le soir venu, car son décor est sublime, parfait en toute circonstance : fontaines et lumière tamisée pour l'intimité, riches couleurs, boiseries, sculptures et plantes. Et la gentillesse du personnel s'ajoute à la douceur du décor. Les plats, tous les classiques de la Thaïlande, sont à la hauteur du reste.

Le Papillon on Front $$-$$$ [13]
69 Front St. E., 416-367-0303, www.lepapillononfront.com

Le Papillon propose une alléchante variété de grillades, du canard et des salades, mais les crêpes bretonnes demeurent la spécialité de la maison. La tourtière québécoise est aussi une spécialité. La grande salle à manger révèle magnifiquement le caractère historique de la rue Front. On s'y sent bien, comme dans une brasserie française. Prix abordables.

Mercatto $$-$$$ [15]
15 Toronto St., 416-366-4567, www.mercatto.ca

Mercatto sert une cuisine de marché italienne savoureuse dans un décor lumineux. Des pâtes, bien sûr, et elles sont originales, mais les viandes et poissons forment aussi de magnifiques assiettes. Les amoureux de salades santé et ceux de viandes bien salées (comme ce délicieux salami de sanglier!) seront comblés. Choix de vins au verre exceptionnel. Le petit voyage en Toscane (lieu d'origine des propriétaires) se termine par un espresso Illy bien serré.

Old Town Toronto et le Distillery District

Hiro Sushi $$$ [11]
171 King St. E., 416-304-0550,
www.hirosushi.ca

Reconnu comme un des plus adroits chefs spécialisés dans les sushis à Toronto, Hiro Yoshida fait des heureux dans son populaire restaurant Hiro Sushi. Intime, l'établissement possède un cadre dépouillé et minimaliste qui laisse toute la place aux créations d'Hiro. Néanmoins, il tient à présenter les plats à la manière nippone traditionnelle.

Biaggio Ristorante $$$$ [7]
St. Lawrence Hall, 155 King St. E.,
416-366-4040, www.biagioristorante.ca

Au rez-de-chaussée du St. Lawrence Hall, vous pourrez savourer une cuisine italienne digne des plus fins palais. Cet élégant restaurant sert peut-être les meilleures pâtes fraîches en ville. Après avoir longuement hésité à choisir l'un des plats, tout aussi tentants les uns que les autres, offrez-vous une bouteille parmi l'excellente sélection de la carte des vins.

Colborne Lane $$$$ [9]
45 Colborne St., 416-368-9009,
http://colbornelane.com

Voici le repaire torontois de la fine cuisine moléculaire. Les inspirations gustatives du chef-propriétaire Claudio Aprile proviennent notamment de la Thaïlande et de l'Espagne. Les plats sont présentés comme des œuvres d'art contemporain, et le mariage des vins et des mets est calculé avec passion. Une des grandes adresses innovantes de Toronto.

Colborne Lane.

Bars et boîtes de nuit

(voir carte p. 63)

BierMarkt Esplanade [16]
58 The Esplanade, 416-862-7575,
www.thebiermarkt.com

Cette brasserie belge propose plus de 100 sortes de bières d'une vingtaine de pays. La vaste terrasse est fort animée, de même que l'intérieur, de superficie non moins modeste, tout de pierres revêtu. L'établissement devient particulièrement bruyant lors des cinq à sept.

C'est What? [17]
67 Front St. E., 416-867-9499,
www.cestwhat.ca

Ce sympathique pub joliment aménagé dans le sous-sol d'un vieux bâtiment présente régulièrement des spectacles de blues, de jazz, de funk ou de rock. On y offre une bonne sélection de bières brassées localement et de whiskies.

Reservoir Lounge [18]
52 Wellington St. E., 416-955-0887,
http://reservoirlounge.com

Bar de jazz qui ressemble à un piano-bar des années 1950, le Reservoir Lounge attire une clientèle tant locale qu'internationale. On y propose chaque soir un cinq à sept fort couru, comme le sont d'ailleurs ses spectacles de swing, de blues et de jazz.

Salles de spectacle

(voir carte p. 63)

St. Lawrence Centre for the Arts [19]
27 Front St. E., 416-366-7723, www.stlc.com.
Concerts classiques.

Théâtre français de Toronto [20]
Berkeley Street Theatre, 26 Berkeley St.,
416-534-6604, www.theatrefrancais.com

L'un des plus importants théâtres de langue française hors Québec.

Young Peoples Theatre [21]
165 Front St. E., 416-862-2222,
http://youngpeoplestheatre.ca

Le Young Peoples Theatre est une option sensationnelle pour les jeunes visiteurs, puisque toutes les productions sont destinées aux enfants.

Lèche-vitrine

(voir carte p. 63)

Art et artisanat

Corkin Gallery [22]
Distillery District, 55 Mill St., Bldg. 61,
416-979-1980, www.corkingallery.com

Cette galerie propose des œuvres contemporaines originales: peintures, photos, produits artisanaux et sculptures.

Distill Gallery [23]
Distillery District, 55 Mill St., Bldg. 47,
416-304-0033, www.distillgallery.com

Dans cette galerie, c'est une centaine d'artistes canadiens contemporains de différents domaines qui exposent leurs œuvres: objets design, photos, peintures, sculptures, joaillerie, poteries ou verre.

Bijoux

Shao Design [26]
39 Parliament St., près de Mill St.,
416-777-1313, www.shaodesign.ca

Des designers locaux proposent leurs bijoux originaux dans ce commerce *cool* du Distillery District. Shao Pin y vend aussi des meubles intéressants et de petits accessoires qui donnent beaucoup d'originalité aux mobiliers et décors.

Chocolaterie

SOMA Chocolatemaker [27]
Distillery District, 32 Tank House Lane,
416-815-7662, www.somachocolate.com

La boutique du chef pâtissier David Castellan ne vous laissera pas indif-

Old Town Toronto et le Distillery District

férent; le chocolat, les truffes et les pralines sont ici à l'honneur, sous toutes leurs formes! Vous pourrez de plus assister à leur confection.

Électronique

Henry's [24]
119 Church St., 800-868-0872,
www.henrys.com

La référence en matière d'équipement photographique (neuf et d'occasion). Immense sélection d'appareils photo et de caméscopes, d'accessoires de chambre noire, de sacs pour transporter appareils et caméras, de trépieds et autres pellicules. Henry's offre aussi le service de réparation.

Librairie

Open Air Books and Maps [25]
25 Toronto St., 416-363-0719,
www.openairbooksandmaps.com

Tant les voyageurs et aventuriers que les amants de la nature seront surpris de voir une aussi grande variété de guides de voyage, d'ouvrages de référence et de cartes géographiques dans ce magasin plutôt exceptionnel.

Marché public

St. Lawrence Market [28]
92 Front St. E., 416-392-7120,
www.stlawrencemarket.com

Un endroit en ville plus que tout autre est réputé pour la fraîcheur,

St. Lawrence Market.

la diversité et la qualité de ses aliments: le St. Lawrence Market, où vous pourrez vous procurer une profusion de fruits et légumes ainsi que viandes et fromages. Les fromages fins ontariens sont d'ailleurs de plus en plus intéressants, notamment ceux au lait de brebis et de chèvre; et ils sont moins chers au marché St. Lawrence qu'ailleurs. Un bon endroit pour en trouver est Scheffler's Deli & Cheese, au rez-de-chaussée. L'expérience promet d'être particulièrement agréable le samedi matin, alors qu'à deux pas se tient le Farmers' Market, où les fermiers des environs de Toronto viennent vendre leurs produits.

5 ↘

Queen Street West

À voir, à faire

(voir carte p. 71)

La section la plus connue de Queen Street West fait 1,5 km d'University Avenue à Bathurst Street, à l'ouest. C'est là que se trouvent les boîtes et les restaurants branchés, de même que de nombreuses boutiques de renom. Cependant, sachez qu'entre Bathurst Street et Gladstone Avenue, et même au-delà, jusqu'à Dufferin Street, s'étend désormais le **West Queen West** (voir p. 72), véritable bijou qui a pris la relève anti-establishment d'une Queen Street West qui s'est institutionnalisée quelque peu. Peu de rues dans le monde recèlent autant d'audace et d'originalité que l'ensemble des bars, boutiques et restaurants de cette rue mythique.

299 Queen Street West [1]
métro Osgoode Station

Voici les MuchMusic World Headquarters, le siège du MTV canadien-anglais. De style néogothique, le plus grand bâtiment de Queen Street West a été construit en 1913-1915 pour le compte d'une maison d'édition (remarquez les lecteurs et scribes grotesques qui ornent la façade). Derrière son impressionnante façade se cachent désormais les studios de MuchMusic, CP24 et eTalk. L'immeuble bourdonne aujourd'hui d'activités, et les «vidéo-jockeys» animent souvent leurs émissions directement du trottoir avec des vedettes, ce qui crée des rassemblements monstres.

Marchez ou prenez un streetcar vers l'ouest jusqu'à Bathurst Street.

Queen Street West

À voir, à faire ★

1.	EZ	299 Queen Street West	2.	CZ	West Queen West (WQW)

Cafés et restos ●

3.	AZ	Addis Ababa	10.	BY	Pizzeria Libretto
4.	AZ	Drake Dining Room	11.	EZ	Queen Mother Cafe
5.	CZ	Dufflet Pastries	12.	DZ	Rivoli
6.	DZ	Fressen	13.	BZ	Swan Restaurant
7.	CZ	Harlem Underground	14.	CZ	Terroni
8.	EZ	Korean Grill House	15.	CZ	The Red Tea Box
9.	EZ	Peter Pan Bistro			

Bars et boîtes de nuit ♩

16.	EZ	Black Bull Tavern	22.	DZ	The Horseshoe Tavern
17.	CZ	Bovine Sex Club	23.	CZ	The Raq
18.	AZ	Drake Hotel Lounge	24.	EZ	The Rex Hotel Jazz & Blues Bar
19.	AZ	Melody Bar	25.	EZ	The Rivoli
20.	AZ	Mitzi's Sister	26.	DZ	Velvet Underground
21.	BZ	The Dakota Tavern			

Salles de spectacle ♦

27.	CZ	Factory Theatre

Lèche-vitrine ■

28.	CZ	Anne Sportun Experimental Jewellery	33.	CZ	Pho Pa
29.	DZ	Brava	34.	BZ	Preloved
30.	CZ	Fresh Collective	35.	CZ	Rotate This
31.	EZ	John Fluevog	36.	EY	Silver Snail
32.	EZ	Peach Berserk	37.	BZ	The Spice Trader

Hébergement ▲

38.	AZ	Gladstone Hotel	40.	EZ	The Rex Hotel
39.	AZ	The Drake Hotel			

West Queen West (WQW) ★★★ [2]
www.westqueenwest.ca

Le secteur de West Queen West est en pleine revitalisation. Ici, les gens vivent à l'heure du «bohème-branché». On y découvre une panoplie de petits restos sympas qui, bien que dernier cri, n'en conservent pas moins cet air de bohème artistique. Les boutiques de vêtements d'occasion côtoient les boutiques de jeunes designers torontois. Cette portion de Queen Street West abrite aussi la plus grande concentration de galeries d'art à Toronto. Avec l'ouverture du **Drake Hotel** *(1150 Queen St. W.; voir p. 130)* et du **Gladstone Hotel** *(1214 Queen St. W.; voir p. 130)*, de véritables foyers de rayonnement culturel et artistique, le quartier peut certes s'enorgueillir de son surnom: l'**Art & Design District**.

Cafés et restos
(voir carte p. 71)

Dufflet Pastries $ [5]
787 Queen St. W., 416-504-2870,
www.dufflet.com

Cette minuscule pâtisserie est très réputée à Toronto. Ses créations se retrouvent d'ailleurs sur les chariots de desserts de bon nombre de restaurants de la ville. Vous pourrez aussi bien y acheter un gâteau entier pour une occasion spéciale que vous y attabler pour siroter un cappuccino ou un café au lait, tout en succombant à quelque irrésistible délice.

Addis Ababa $-$$ [3]
1184 Queen St. W., 416-538-0059,
www.addisababa.ca

Dans une ambiance résolument exotique, Addis Ababa sert une cuisine éthiopienne traditionnelle. Les plats épicés sont servis sur des plateaux qu'on se passe à tour de rôle autour de la table. On mange avec ses doigts (de la main droite) en emprisonnant la nourriture dans l'*injera*, ce pain éthiopien apparenté à la crêpe. Service souriant.

Korean Grill House $$ [8]
214 Queen St. W., 416-263-9850,
www.koreangrillhouse.com

Une expérience culinaire originale et inoubliable: la formule à volonté permet de cuire viandes et poissons sur un barbecue de forme circulaire encastré dans chacune des tables de ce restaurant à la décoration moderne et épurée, le tout agrémenté de condiments coréens. Carte de spécialités coréennes disponible.

Pizzeria Libretto $$ [10]
221 Ossington Ave., 416-532-8000,
http://pizzerialibretto.com

Libretto sert une vraie pizza napolitaine cuite dans un four importé de Naples et composée d'ingrédients simples de grande qualité. Le résultat est succulent. Le petit resto sympathique permet aussi de goûter des saucisses et jambons italiens issus de petits producteurs ontariens, et les spécialités méditerranéennes, comme les sardines grillées, sont parfaitement réussies.

Dufflet Pastries.

Queen Mother Cafe $$ [11]
208 Queen St. W., 416-598-4719,
www.queenmothercafe.ca

Il ne s'agit nullement d'un salon de thé à la britannique, mais plutôt d'un restaurant spécialisé dans les mets du Laos et de la Thaïlande. Tables et banquettes intimes y emplissent trois salles prolongées d'une petite terrasse à l'arrière. Le Pad Thai est un grand favori des habitués de la maison. Quant au riz gluant sauce aux arachides, c'est un pur délice.

Terroni $$ [14]
720 Queen St. W, 416-504-0320,
www.terroni.com

Cette grande trattoria présente un décor de caractère et possède des terrasses arrière d'ambiance. Salades, pâtes, pizzas (la spécialité de la maison, réputée l'une des meilleures de la ville) et sandwichs y sont toujours frais, et préparés à partir d'ingrédients de qualité. Une des adresses dont le succès ne se dément pas auprès des Torontois.

Fressen $$-$$$ [6]
478 Queen St. W., 416-504-5127,
www.fressenrestaurant.com

Authentique expérimentation végétalienne: aucun aliment d'origine animale, ni même des œufs, du lait ou du miel. Plats magnifiques servis dans une salle aussi alléchante et *trendy* que n'importe quel restaurant ou bar en ville. On ne prend pas de raccourci avec les épices, le sel ou les huiles pour donner du goût aux plats. Résultat? Les textures et saveurs étonnent, mais déçoivent parfois les non-végétaliens. Néanmoins, on en sort plein d'admiration, ravi d'avoir exploré les possibilités d'une alimentation progressiste.

Harlem Underground
$$-$$$ [7]
745 Queen St. W., 416-366-4743,
www.harlemrestaurant.com

Le Harlem Underground propose une délicieuse *soul food* d'inspiration cajun dans un décor coloré et créatif. De savoureux brunchs sont servis les week-ends, et des barbecues animés par des DJ sont organisés le dimanche après-midi pendant la belle saison sur la jolie terrasse arrière.

Peter Pan Bistro **$$-$$$** [9]
373 Queen St. W., 416-593-0917,
www.peterpanbistro.co

Le Peter Pan Bistro est l'un des grands classiques de Queen Street West. Dans un très beau décor qui rappelle les années 1930 avec ses tapisseries à relief, ses grands tableaux et ses banquettes très originales, on y sert une cuisine imaginative et délicieuse : pâtes, pizzas et poissons prennent des allures inédites. Excellent rapport qualité/prix.

Swan Restaurant **$$-$$$** [13]
892 Queen St. W., 416-532-0452

La petite salle du Swan Restaurant est garnie de banquettes rétro, et le *cool jazz* y est de rigueur. On y sert des brunchs composés notamment de mollusques et de crustacés frais (le chef ouvre les huîtres sous vos yeux). Quant au menu régulier, il fait défiler un assortiment exquis de délices inhabituels, entre autres du pain portugais, de la purée de patates douces et du chapon. Petite adresse très agréable.

Drake Dining Room.

Drake Dining Room $$$ [4]
The Drake Hotel, 1150 Queen St. W.,
416-531-5042, www.thedrakehotel.ca

«Drake» est désormais synonyme de succès, de foule et de prestige. Le restaurant de cet antre du chic-bohème, qui se décrit comme un complexe culturel, avec son hôtel, ses bars et ses salles de spectacle, ne fait pas exception à la règle. La cuisine internationale qu'on y propose se targue de «réinventer les classiques» et privilégie les viandes biologiques, les saveurs franches et les ingrédients authentiques.

Rivoli $$$ [12]
334 Queen St. W., 416-597-0794, www.rivoli.ca

Grâce à sa cuisine fusion qui change au rythme des saisons et à ses plats aux influences italiennes, indiennes et malaises, le Rivoli en a pour tous les goûts. L'établissement abrite de plus un bar à cocktails et une salle de billard, sans compter sa grande terrasse donnant sur le va-et-vient de Queen Street West.

The Red Tea Box $$$ [15]
696 Queen St. W., 416-203-8882

Le Red Tea Box est devenu en peu de temps une référence dans le secteur de «West Queen West». Véritable petit bijou de la cuisine fusion asiatique avec ses boîtes-repas, il est également reconnu pour sa vaste sélection de thés et de pâtisseries à saveur asiatique. La décoration chaleureuse, qui lui donne une allure de petit salon de thé chinois, rehausse son charme.

The Rivoli.

Bars et boîtes de nuit *(voir carte p. 71)*

Black Bull Tavern [16]
298 Queen St. W., 416-593-2766

On y trouve la plus belle terrasse de la rue Queen, un immense espace aménagé sur un des côtés d'un vieux bâtiment à proximité de la rue Soho. Jadis surtout fréquentée par des motards qui se plaisaient à aligner leur Harley le long du trottoir, la « Bull » accueille aujourd'hui tous les passants en quête d'une bonne bière fraîche sous le soleil.

Bovine Sex Club [17]
542 Queen St. W., 416-504-4239,
www.bovinesexclub.com

Aucune enseigne mais vous pouvez difficilement manquer le Bovine, compte tenu de l'enchevêtrement artistique de roues de bicyclettes recyclées et d'acier tordu qui orne sa façade. Foule « alternative » et musique sur scène la dernière semaine de chaque mois. Le Bovine n'ennuie jamais.

Drake Hotel Lounge [18]
The Drake Hotel, 1150 Queen St. W.,
416-531-5042, www.thedrakehotel.ca

Boîte bruyante, éclectique comme sa décoration. Le Drake Hotel offre un nouveau concept qui fait courir les foules et qui fait honneur à l'ambiance hip teintée de bohème-branché de Queen Street West.

Melody Bar [19]
Gladstone Hotel, 1214 Queen St. W.,
416-531-4635, www.gladstonehotel.com

Le Melody Bar est l'un de ces bars de quartier qui se transforment le soir venu en un lieu fort couru. Depuis quelques années, ce sont les soirées karaoké qui ont la cote.

Pendant la journée, les habitués du secteur viennent y siroter un verre. Il y a aussi un café charmant en face de la réception de l'hôtel.

Mitzi's Sister [20]
1554 Queen St. W., 416-532-2570, www.mitzis.ca

Situé presque à l'extrémité ouest de Queen Street, ce resto-bar propose une grande variété de bières pression de microbrasseries locales et un menu qui comprend plusieurs bouchées végétariennes. Concerts presque tous les soirs et terrasse populaire en été.

The Dakota Tavern [21]
249 Ossington Ave., angle Dundas, 416-850-4579, www.thedakotatavern.com

Ambiance festive garantie, surtout que les DJ font preuve d'humour. Il y a aussi de la musique en direct presque chaque soir. Le genre de musique varie du bluegrass à l'indie rock, mais c'est toujours bon. La nourriture n'est pas mal non plus.

The Horseshoe Tavern [22]
370 Queen St. W., 416-598-4753, www.horseshoetavern.com

Une institution de longue date de Queen Street West : elle a été établie en 1947 et demeure un des lieux cultes de la scène rock torontoise. Taverne en devanture, musique rock et alternative sur scène dans l'arrière-salle.

The Raq [23]
739 Queen St. W., 416-504-9120, www.theraq.ca

On y fait jouer du rock commercial, de la musique latino-américaine et du rhythm-and-blues. C'est d'abord et avant tout une salle de billard distinguée, pourvue de 13 tables. Le décor de bois traditionnel est très agréable et convivial.

The Rex Hotel Jazz & Blues Bar [24]
The Rex Hotel, 194 Queen St. W., 416-598-2475, www.therex.ca

Une véritable institution. Dans une atmosphère de grand bar décontracté, The Rex présente quelque 80 concerts de jazz ou de blues par mois. Les spectacles sont gratuits ou pas chers du tout. On peut aussi y manger des plats simples mais bons. Clientèle locale et d'habitués de passage. Chambres abordables à l'hôtel (voir p. 129).

The Rivoli [25]
332 Queen St. W., 416-596-1908, www.rivoli.ca

Un des établissements les plus branchés du secteur, pourvu d'un bar intime, d'une terrasse au cœur de la scène alternative de Queen Street West, d'un restaurant de cuisine fusion asiatique et d'une arrière-salle offrant de la musique alternative en direct ou des spectacles d'humour.

Velvet Underground [26]
510 Queen St. W., 416-504-6688, www.libertygroup.com

On retrouve au Velvet Underground une clientèle variée qui danse au rythme de la musique alternative ou qui discute simplement. Pour ceux qui désirent éviter les bars trop bruyants.

Queen Street West

The Spice Trader.

Salles de spectacle

(voir carte p. 71)

Factory Theatre [27]
125 Bathurst St., 416-504-9971,
www.factorytheatre.ca
Le Factory Theatre est le dernier cri
en matière de théâtre anglophone
canadien.

Lèche-vitrine

(voir carte p. 71)

Bijoux

**Anne Sportun Experimental
Jewellery** [28]
742 Queen St. W., angle Bathurst St.,
416-363-4114, www.annesportun.com
Anne Sportun est une Torontoise
établie dans le monde sélect de
la création et de la fabrication de
bijoux originaux. Ses magnifiques

œuvres sont proposées dans un
beau décor qui sert d'écrin géant.

Chaussures

John Fluevog [31]
242 Queen St. W., 416-581-1420,
www.fluevog.com
Pour des chaussures spectaculaires,
pas toujours confortables mais
qui promettent le meilleur effet, le
célèbre designer vancouvérois John
Fluevog constitue un bon choix.

Épicerie fine

The Spice Trader [37]
877 Queen St. W., 647-430-7085,
www.thespicetrader.ca
Dans West Queen West, cet antre
des épices ressemble à une vieille
boutique d'apothicaire, avec sa
variété impressionnante d'épices
en vrac. On y trouve également
quelques accessoires de cuisine.

Librairie

Silver Snail [36]
367 Queen St. W., 416-593-0889,
www.silversnail.com

Amateur de bandes dessinées, vous
retrouverez les grands classiques
chez Silver Snail, une boutique fort
sympathique qui propose également des affiches.

Musique

Rotate This [35]
801 Queen St. W. (un peu à l'ouest de
Bathurst St.), www.rotate.com

Populaire repaire de la scène musicale alternative de Toronto, Rotate
This vend des CD neufs ou d'occasion, de même qu'une bonne sélection de vinyles qui raviront les mélo-
manes. Les vendeurs sont des pas-
sionnés, et la plupart des clients
aussi.

Vêtements neufs

Fresh Collective [30]
692 Queen St. W. (entre les avenues Euclid et
Manning), 416-594-1313,
www.freshcollective.com

Chez Fresh Collective, les créations
locales sont à l'honneur. On y trouve
également de beaux cadeaux. La
boutique est gérée par une designer, et ça paraît !

Peach Berserk [32]
507 Queen St. W., un peu à l'ouest de Spadina
Ave., 416-504-1711, www.peachberserk.com

Un collectif d'une vingtaine de designers locaux propose ses vêtements et accessoires pour femmes
dans ce commerce de l'ultra-bran-
ché secteur de West Queen West.
Les créations vont dans tous les
sens, et les prix aussi.

Pho Pa [33]
702 Queen St. W., 416-943-1887,
www.phopa.ca

Pho Pa renferme tout ce que Toronto a de plus talentueux et de branché dans le domaine du design
vestimentaire. Des robes, des ves-
tons, des accessoires et bijoux pour
femmes seulement qui font jaser :
de formidables créations de designers locaux.

Vêtements d'occasion

Brava [29]
553 Queen St. W., 416-504-8742,
www.bravaonqueen.com

Un des grands favoris de Queen
Street dans le domaine des vêtements d'occasion, Brava permet de
faire de magnifiques découvertes
qui vous feront y revenir encore et
encore. Les stylistes adorent cet
endroit.

Preloved [34]
881 Queen St. W., 416-504-8704,
www.preloved.ca

Preloved : traduction littérale de
« aimé auparavant ». Et c'est effec-
tivement ce que propose la boutique : des vêtements d'occasion
remis au goût du jour grâce aux
habiles doigts des couturiers qui y
travaillent. Clientèle d'habitués.

Queen Street West

6 ↘

Le Chinatown et le Kensington Market

À voir, à faire

(voir carte p. 83)

Toronto compte pas moins de sept quartiers chinois identifiés comme tels. Le plus ancien Chinatown (communément appelé « Old Chinatown ») est aussi le plus coloré et le plus pittoresque d'entre eux; il s'inscrit à l'intérieur du présent circuit. Ce Chinatown rayonne autour de l'intersection de l'avenue Spadina et de la rue Dundas. Si vous comptez visiter le secteur un dimanche, allez-y de bon matin, car, ce jour-là, la plupart des familles chinoises sortent pour s'offrir le *dim sum* (un brunch dans lequel vous ne trouverez ni œufs brouillés ni croissants au beurre!). Le secteur du Kensing-ton Market s'étend quant à lui juste au nord-ouest du Chinatown, entre College Street et Dundas Street, à l'ouest de Spadina Avenue. Il s'étire sur les rues Baldwin, Augusta, St. Andrew et Kensington.

L'Art Gallery of Ontario (AGO) se trouve du côté sud de Dundas Street, tout juste à l'ouest de McCaul Street.

Art Gallery of Ontario (AGO) ★★★ [1]

19,50$; jeu-dim et mar 10h à 17h30, mer 10h à 20h30; 317 Dundas St. W., 416-979-6648 ou 877-225-4246, www.ago.net; métro St. Patrick Station

La prestigieuse exposition permanente de l'AGO est disposée dans un ordre chronologique, allant du XVe siècle à nos jours. Vous y verrez

Art Gallery of Ontario.

des œuvres contemporaines, des sculptures inuites et le magnifique Tanenbaum Sculpture Atrium, où est exposée l'une des façades de la «Grange». Le Henry Moore Sculpture Centre fait partie, pour sa part, des trésors les plus étonnants du musée. Son contenu, légué par l'artiste lui-même car il aimait la ville et ce musée, constitue la plus importante collection publique des œuvres de Moore dans le monde. Les collections canadiennes historiques et contemporaines contiennent, quant à elles, des pièces de premier plan signées par des artistes aussi notoires que Cornelius Krieghoff, Michael Snow, Emily Carr, Jean Paul Riopelle, Tom Thomson et le Groupe des Sept – Frederick Varley, Lawren S. Harris, A.Y. Jackson, Arthur Lismer, J.E.H. MacDonald, Franklin Carmichael et Frank Johnston. Le musée possède également des chefs-d'œuvre de Rembrandt, Van Dyck, Reynolds, Renoir, Picasso, Rodin, Degas et Matisse, pour ne nommer que ceux-là.

En 2008, une nouvelle façade de verre et de bois a rajeuni l'image de ce musée des beaux-arts de l'Ontario. Plusieurs nouvelles galeries ont aussi été ajoutées; elles portent notamment sur l'art canadien et la photographie. L'architecte américain de renommée internationale Frank Gehry, originaire de Toronto, a préconisé une structure transparente permettant une interrelation entre les activités du musée et celles de la rue. La boutique du musée est immense et franchement exceptionnelle. L'AGO compte aussi un excellent restaurant: Frank.

Le Chinatown et le Kensington Market

À voir, à faire ★

1.	EY	Art Gallery of Ontario (AGO)
2.	EZ	Sharp Centre for Design
3.	DY	Chinatown
4.	CY	Kensington Market
5.	BX	Little Italy

Cafés et restos ●

6.	EY	Asian Legend
7.	EY	Bodega
8.	DY	Bright Pearl Seafood Restaurant
9.	EY	Cafe La Gaffe
10.	CX	Caplansky's Delicatessen
11.	DY	Lee Garden

Bars et boîtes de nuit ♪

12.	AX	Bar Italia
13.	AX	College Street Bar
14.	AX	El Covento Rico
15.	AX	Orbit Room
16.	BX	Sneaky Dee's
17.	AX	Souz Dal
18.	AY	The Communist's Daughter
19.	AY	The Garrison
20.	AX	The Midtown

Lèche-vitrine ■

21.	DY	Courage My Love
22.	CX	Fresh Baked Goods
23.	DY	Global Cheese
24.	DZ	Marilyn's
25.	EZ	The Gallery Shop

Hébergement ▲

26.	EX	Beverley Place Bed & Breakfast
27.	EX	Delta Chelsea
28.	CZ	Grange Hotel

Sharp Centre for Design ★★ [2]

100 McCaul St., www.ocad.ca

Juste au sud de l'AGO, au 100 de la rue McCaul, vous serez étonné par l'édifice du Sharp Centre for Design. Ce pavillon récent de l'Ontario College of Art and Design (OCAD) est monté sur 12 immenses pilotis colorés. Ce grand espace rectangulaire blanc mis en relief par des cases noires est le bâtiment à l'aspect le plus audacieux de Toronto.

Empruntez Dundas Street vers l'ouest jusqu'au cœur du Chinatown, qui rayonne autour de l'intersection de l'avenue Spadina et de la rue Dundas, pour aller manger et faire quelques achats.

Chinatown ★★ [3]

Des enseignes aux couleurs vives, des trottoirs bondés, de la musique populaire cantonaise partout dans l'air, des étalages de canards laqués, de merveilleux parfums de fruits frais et de thé de ginseng, des odeurs prenantes de durions et de poisson frais : le Chinatown est un festin complet pour les sens. Le Chinatown de Toronto n'est pas le plus grand en Amérique du Nord, mais il est peut-être le plus intéressant, le plus proche de la vie à Hong Kong et dans le sud de la Chine.

Le Chinatown et le Kensington Market

Le Toronto chinois

L'immigration chinoise à Toronto remonte au milieu du XIXe siècle. Avec plus de 500 000 membres, elle constitue aujourd'hui l'une des plus importantes communautés chinoises en Amérique du Nord. Les premiers arrivants, qui se lancent dans l'industrie de la blanchisserie et de la restauration, s'installent dans Yonge Street entre Queen Street et King Street. Pourtant le premier véritable Chinatown, cœur de la vie commerciale et sociale de la communauté, se crée dans le secteur de Dundas Street entre Bay Street et University Avenue. On y comptait une grande concentration de salons de thé et de restaurants, mais surtout des blanchisseries, service indispensable à la vie urbaine durant cette période antérieure à l'invention de la machine à laver. La construction d'un nouvel hôtel de ville, dans les années 1950, force la communauté à se déplacer vers l'ouest, aux environs de Dundas Street et de Spadina Avenue. Ce secteur demeure aujourd'hui le cœur de la communauté sino-torontoise. Le prix galopant des loyers force les nouveaux arrivants chinois à s'installer dans des secteurs plus excentrés et plus modestes. C'est ainsi que le quartier autour de Gerrard Street et de Broadview (juste à l'est de la Don River) devient le second centre en importance pour les Chinois dans les années 1970.

Au cours de cette décennie et de la suivante, à l'instar d'autres communautés culturelles de Toronto, la population chinoise commence à regarder vers les banlieues nord et ouest. Ainsi, des centres fleurissent à Scarborough et à Mississauga, grâce notamment à l'arrivée d'immigrants fortunés de Hong Kong. Aujourd'hui, l'immigration chinoise continue de contribuer énormément à l'accroissement de la population torontoise. Bien que moins du tiers de la communauté habite désormais au centre-ville, le secteur de Spadina Avenue et de Dundas Street demeure la vitrine gastronomique et culturelle de la communauté. Une effervescence y règne sept jours sur sept, mais surtout la fin de semaine. Un endroit à ne pas manquer !

Ralentissez donc le pas pour donner à votre cerveau le temps d'enregistrer toute l'information qu'il reçoit, et laissez-vous envoûter par toutes les merveilles et curiosités qui vous sollicitent depuis les vitrines des magasins. Vous ne le regretterez nullement. Les épiceries asiatiques, les herboristeries, les salons de thé et les commerces d'import-export sont ici légion, sans parler des nombreux petits (et moins petits) restaurants divins. Tout fait en sorte que chacun est assuré d'y combler ses vœux.

Kensington Market.

Poursuivez maintenant votre chemin dans Dundas Street à l'ouest de Spadina, en direction du Kensington Market. De Dundas Street, tournez à droite dans Kensington Avenue et vous y êtes.

Kensington Market ★ ★ ★ [4]
métro St. Patrick Station,
www.kensington-market.ca

Ce bazar anachronique incarne les origines du caractère multiethnique de Toronto, puisqu'il a d'abord été un marché essentiellement est-européen avant de devenir ce qu'il est aujourd'hui, soit un savoureux mélange d'influences juives, portugaises, latino-américaines, asiatiques et antillaises.

Les vieilles maisons victoriennes en rangée, usées par le temps quoique souvent rajeunies, et les trottoirs qui les longent sur Kensington Avenue entre Dundas et St. Andrews sont une véritable mine d'or aux yeux de ceux pour qui tout ce qui est ancien prend une valeur inestimable. Des jeans Levi's d'occasion, des vestes d'aviateur en cuir, des manteaux de mouton et des chemises psychédéliques en polyester vous y attendent à des prix défiant toute concurrence.

En vous dirigeant vers le nord, vous découvrirez le secteur «bouffe» de Kensington Avenue, où des trésors tout aussi exotiques (sinon plus!) ne manqueront pas de vous faire saliver. Crémeries, poissonneries, boucheries, fromageries et marchés d'épices emplissent l'air d'un bouquet d'arômes.

Little Italy [5]
En vous rendant ensuite à l'ouest dans College Street, vous pourrez visiter le quartier branché de Little

Italy, où se trouvent bon nombre de bars et de restaurants à la mode. La Petite Italie est l'endroit tout indiqué pour siroter un cappuccino ou prendre un verre, particulièrement en été alors que le quartier devient un centre de vie nocturne animé; ses rues s'encombrent alors de terrasses trépidantes, affairées jusqu'aux petites heures du matin.

Restos et cafés

(voir carte p. 83)

Caplansky's Delicatessen $-$$ [10]
356 College St., 416-500-3852, www.caplanskys.com

Ce petit *deli* ne fait aucun compromis (le fromage est interdit dans les sandwichs qui ne sont jamais faits de pain blanc) et respecte les recettes traditionnelles juives d'origine est-européennes. Le *smoked meat* a toutefois un goût spécifique qui est la signature du restaurant (c'est une question d'épices et de fumage fait maison).

🍴 Asian Legend $$ [6]
418 Dundas St., 416-977-3909, www.asianlegend.ca

L'Asian Legend est remarquable, car c'est un des rares restaurants de cuisine du nord de la Chine. Ici, on célèbre des jeux subtils de nouilles, de bouillons, d'herbes, de légumes et de viandes. Les *dim sum* du Nord sont aussi très intéressants.

Caplansky's Delicatessen.

Populaire auprès des gourmets asiatiques et occidentaux, l'Asian Legend est une des plus belles surprises du Chinatown.

Bright Pearl Seafood Restaurant $$ [8]
348 Spadina Ave., 416-979-3988, www.brightpearlseafood.com

Le Bright Pearl est l'un des restaurants les plus réputés du Chinatown. Non pas qu'il affiche une décoration branchée: il est plutôt reconnu pour la qualité et la variété de ses fameux *dim sum* servis toute la journée sur les traditionnels chariots. Outre les produits de la mer, le canard de Pékin figure parmi les spécialités de ce restaurant de style cafétéria.

Le Chinatown et le Kensington Market

Lee Garden $$-$$$ [11]
331 Spadina Ave., 416-593-9524,
www.leegardenrestaurant.ca

Le Lee Garden est un grand favori des Torontois. Tout y est fabuleusement délicieux. Les plats sont surtout cantonais, mais aussi sichuanais. Arrivez avant ou après les heures de repas normales, sinon vous pourriez devoir faire la queue assez longtemps.

Cafe La Gaffe $$$ [9]
24 Baldwin St., 416-596-2397,
www.cafelagaffe.com

«La Gaffe» accueille aussi bien la foule de Queen Street West que les étudiants torontois sur ses agréables terrasses avant et arrière. L'intérieur présente pour sa part un décor dépareillé, allant des chaises précaires aux œuvres d'art qui ornent les murs. On y sert des potages maison et des plats de résistance tels que pâtes nourrissantes, biftecks, poissons, fruits de mer et poulet biologique.

Bodega $$$$ [7]
30 Baldwin St., 416-977-1287,
www.bodegarestaurant.com

Les tapisseries, la dentelle et la musique qui envahissent la salle à manger de ce restaurant de cuisine française gastronomique contribuent à créer une ambiance à la fois racée, nerveuse et chaleureuse. Les spécialités: escargots au brandy, bouillabaisse, canard confit, crostini au fromage de chèvre, terrine de foie gras. De quoi vous mettre en appétit!

Bars et boîtes de nuit *(voir carte p. 83)*

Bar Italia [12]
582 College St., 416-535-3621,
www.bar-italia.ca

Une institution de la Petite Italie de College Street. Malgré son intérieur chic, la foule est un mélange de jeunes décontractés et de résidents du quartier. Des DJ y animent la foule toute la semaine, tandis que des musiciens montent sur scène le samedi. On y sert aussi de bons repas.

College Street Bar [13]
574 College St., 416-533-2417,
www.collegestreetbar.com

Une bonne adresse pour déguster une bière de microbrasserie ou un martini, ou même un verre de rouge italien accompagné de petits plats aux accents méditerranéens. Le décor est décontracté et la clientèle aussi.

El Covento Rico [14]
750 College St., 416-588-7800,
www.elcoventorico.com

Un bar chaud où l'on danse lascivement sur des rythmes *dance* et latinos. On y donne même gratuitement des cours de danses latines. Spectacles les samedis soir.

Le Chinatown et le Kensington Market

Orbit Room [15]
580-A College St., 416-535-0613,
www.orbitroom.ca

Un grand favori pour voir certaines des meilleures formations de rhythm-and-blues de la ville.

Sneaky Dee's [16]
431 College St., 416-603-3090,
http://sneaky-dees.com

Un petit bar tex-mex où des étudiants en jeans et t-shirts s'attardent devant leur bière pression tout en jouant au flipper ou au billard sur fond de musique alternative. Des formations musicales animent le tout. Bière pas chère.

Souz Dal [17]
636 College St., 416-537-1883,
www.souzdal.com

On y donne la vedette aux rythmes du monde et aux martinis, qu'on sirote à la lueur des bougies.

The Communist's Daughter [18]
1149 Dundas W., 647-435-0103

Un endroit rafraîchissant, avec un ameublement tout droit sorti d'un marché aux puces. Ce bar constitue l'un des piliers de la vie étudiante et de la scène alternative torontoise.

The Garrison [19]
1197 Dundas St. W., 416-519-9439,
www.garrisontoronto.com

Repaire des amateurs de musique émergente. Ils viennent y entendre des concerts de groupes en vue du moment dans une atmosphère décontractée.

The Midtown [20]
552 College St., 416-920-4533,
www.themidtown.com

Un rendez-vous incontournable de la jeunesse estudiantine de College Street où l'on prend volontiers un verre entre amis. Bière pression, pur malt et trois tables de billard.

Lèche-vitrine

(voir carte p. 83)

Alimentation

Global Cheese [23]
76 Kensington Ave., 416-593-9251

Les amateurs de fromages découvriront avec plaisir Global Cheese, qui propose pas moins d'une centaine de variétés de fromages, toutes origines confondues. Ce ne sont pas tous des fromages fins, loin de là, mais l'endroit est sympathique et les échantillons généreux.

Offrir

The Gallery Shop [25]
Art Gallery of Ontario (AGO), 317 Dundas St. W.,
416-979-6610, www.ago.net/shop

À la fois librairie, commerce d'objets de décoration et bijouterie, la boutique de l'Art Gallery of Ontario mérite qu'on s'y arrête. Nombre de pièces proposées sont de belle qualité et s'adressent autant aux adultes cherchant un produit hors de l'ordinaire qu'aux enfants de tout âge. De nombreuses reproductions de pièces de collection du musée y sont en vente.

Courage My Love.

Vêtements neufs

Fresh Baked Goods [22]
Kensington Market, 274 Augusta Ave.,
416-913-7471,
www.freshbakedgoods.com

Curieux nom pour cette boutique du Kensington Market qui se spécialise non pas dans l'alimentation, mais dans les vêtements de designers locaux et les bijoux. Les chandails constituent la spécialité de la maison.

Marilyn's [24]
200 Spadina Ave. (au nord de Queen St.),
416-504-6777, www.marilyns.ca

Marilyn's vend des vêtements pour femmes de taille 2 à 24, et ce, à prix réduit, au cœur du petit Fashion District de la ville. L'arrivage hebdomadaire comprend des ensembles qui vont du décontracté au plus chic.

Vêtements d'occasion

Courage My Love [21]
Kensington Market, 14 Kensington Ave.,
416-979-1992

Une institution du Kensington Market, Courage My Love ravira les chasseurs de vintage («vêtements millésimés»), de velours et de 100% polyester. Chaussures, vêtements et accessoires s'entassent dans un joyeux chaos ordonné, dans un décor aux accents eux-mêmes rétro.

7 ↘

Queen's Park et l'Université de Toronto

À voir, à faire

(voir carte p. 93)

Ce circuit commence au centre de Queen's Park, dans l'axe de l'avenue University.

Ontario Legislature ★ [1]
visites guidées gratuites, aux 30 minutes; toute l'année lun-ven 9h30 à 17h, mai a sept sam-dim 9h à 16h30; 416-325-7500, www.ontla.on.ca; métro Queen's Park Station

Construit de 1886 à 1892, l'édifice de l'Assemblée législative de l'Ontario a été dessiné dans le style néoroman richardsonien par l'architecte Richard A. Waite de Buffalo, à qui l'on doit plusieurs bâtiments canadiens dont l'ancien siège du Grand Tronc de la rue McGill, à Montréal (édifice Gérald-Godin). On remarque les amusantes tours de couronnement de la portion centrale du parlement, qui traduisent bien le niveau d'invention élevé de ces architectes du XIXe siècle préoccupés de pittoresque et d'éclectisme. L'intérieur est typique des années 1890 avec ses revêtements de bois foncé abondamment sculpté.

Derrière le parlement ontarien, empruntez Wellesley Street West vers l'ouest. Une fois passé sous le petit viaduc de Queen's Park Crescent West, vous serez dans le campus de l'Université de Toronto.

University of Toronto ★★ [2]
entre Spadina Ave. à l'ouest, Queen's Park Crescent à l'est, College St. au sud et Bloor St. W. au nord; www.utoronto.ca; métro Queen's Park Station

Vaste campus de verdure à la mode anglaise, l'Université de Toronto compte 40 bâtiments toujours intéressants, parfois historiques, parfois ultramodernes. Dotée d'une charte dès 1827, l'institution ne prendra véritablement son envol qu'avec la

Ontario Legislature.

construction du premier pavillon en 1845 (aujourd'hui démoli). Mais les rivalités religieuses ralentiront considérablement les progrès de l'université, chaque dénomination voulant créer sa propre institution de haut savoir. Dans la décennie suivante, Toronto comptera jusqu'à six universités, toutes rachitiques. Il faudra attendre leur unification partielle dans les années 1880 pour voir s'épanouir le campus. De nos jours, l'Université de Toronto est considérée comme l'une des plus prestigieuses en Amérique du Nord.

Le plus ancien bâtiment du campus est l'**University College** ★ [3] *(15 King's College Circle; métro College Station)*, conçu en 1859 par les architectes Cumberland & Storm, qui ont créé un pittoresque ensemble néoroman dont les détails des sculptures de pierre méritent un examen attentif. Le magnifique portail Norman est particulièrement exceptionnel.

Depuis le King's College Circle, marchez vers le nord sur la Hart Tower Road, tournez à droite et vous trouverez le Philosopher's Walk presque immédiatement à votre gauche.

Philosopher's Walk ★ [4] (promenade du philosophe). Un ruisseau, le Taddle Creek, coulait jadis là où se promène aujourd'hui le «philosophe», au son des gammes des étudiants du conservatoire de musique flottant au-dessus des bruits de la trépidante rue Bloor. Une balade contemplative le long d'une rangée de chênes et d'édifices historiques vous conduira aux Alexandra Gates, les grilles qui gardaient autrefois l'entrée de l'université.

Queen's Park et l'Université de Toronto

Queen's Park et l'Université de Toronto

Philosopher's Walk.

À voir, à faire ★

1. CY Ontario Legislature
2. BX University of Toronto
3. BY University College
4. BX Philosopher's Walk
5. BX Royal Ontario Museum (ROM)
6. CX Gardiner Museum

Cafés et restos ●

7. DX Spring Rolls

Bars et boîtes de nuit ♪

8. AZ El Mocambo
9. AZ The Silver Dollar Room

Salles de spectacle ◆

10. DZ Buddies in Bad Times Theatre

Lèche-vitrine ■

11. CX Gardiner Shop
12. EY Out on the Street
13. BX ROM Museum Store
14. AZ University of Toronto Bookstore

Hébergement ▲

15. EX 1871 Historic House Bed & Breakfast
16. BX InterContinental Toronto Yorkville
17. EZ Jarvis House
18. DZ Les Amis
19. EZ McGill Inn B&B
20. EY Victoria's Mansion

Queen's Park et l'Université de Toronto

Royal Ontario Museum.

Marchez un peu vers l'est dans Bloor Street; l'entrée du Royal Ontario Museum est juste avant Queen's Park Crescent.

Royal Ontario Museum (ROM) ★ ★ ★ [5]

15$, tarif spécial de 9$ ven 15h à 17h30; lun-jeu et sam-dim 10h à 17h30, ven 10h à 21h30; 100 Queen's Park, 416-586-8000, www.rom.on.ca; métro Museum Station

Le Musée royal de l'Ontario veille sur six millions de trésors artistiques, archéologiques et naturels; c'est le plus grand musée au Canada. Le ROM compte parmi les musées d'histoire naturelle les plus importants et les plus populaires du monde.

Depuis 2008, le Michael Lee-Chin Crystal, une énorme structure de verre et d'aluminium en forme de prismes de cristal surplombe la rue Bloor. Le *Crystal* abrite six nouvelles galeries et un excellent restaurant (le C5). Le *Crystal* est rapidement devenu un symbole de Toronto, et de nombreux touristes se font prendre en photo devant l'édifice.

Gardiner Museum ★ ★ [6]

12$, 6$ ven 16h à 21h; lun-jeu 10h à 18h, ven 10h à 21h, sam-dim 10h à 17h; visites guidées mar, jeu et dim à 14h; 111 Queen's Park, 416-586-8080, www.gardinermuseum.on.ca; métro Museum Station

Situé devant le Royal Ontario Museum et doté d'un nouvel étage, le Gardiner Museum, fondé en 1984 par George et Helen Gardiner, renferme une riche collection de céramiques comprenant plus de 3 000 pièces anciennes et contemporaines en provenance d'Europe, d'Asie et des Amériques.

Le Gay Village

Le Gay Village, communément nommé The Village et parfois Boystown, est très joyeux et accueillant. Le Village rayonne autour de l'intersection des rues Church et Wellesley (métro Wellesley Station), à l'est de Queen's Park. Il foisonne de cafés-terrasses, de restaurants et de boutiques qui reflètent les goûts raffinés de leur clientèle homosexuelle.

Regarder les passants est une activité populaire, presque passionnée. Les hommes et femmes magnifiques ne manquent pas, surtout l'été. À la fin de juin, l'événement **Pride Toronto** attire un million de personnes lors de son célèbre défilé. Les festivités d'**Halloweek**, pendant la semaine précédant l'Halloween en octobre, sont tout aussi folles, mais plus intimistes.

Voici quelques bars et boîtes de nuit du secteur :

Black Eagle
457 Church St., 416-413-1219, www.blackeagletoronto.com
Un bar de rencontre pour hommes vêtus de cuir. Table de billard, projections vidéo et accessoires de donjon.

Byzantium
499 Church St., 416-922-3859, www.byz.ca
Un chic salon de martini doublé d'un bar de quartier. La carte des martinis du Byzantium est une des plus complètes de la ville.

Woody's
467 Church St., 416-972-0887, www.woodystoronto.com
Populaire pour ses cinq à sept, le Woody's se transforme en boîte de nuit le soir venu. Le bar Sailor (465 Church St.), adjacent et plus récent, complète ce grand complexe du Boystown.

Queen's Park et l'Université de Toronto

Queen's Park et l'Université de Toronto

Cafés et restos

(voir carte p. 93)

Spring Rolls $-$$ [7]
693 Yonge St., 416-972-6623,
www.springrolls.ca

Beau, bon, pas cher, et exotique en plus, Spring Rolls sert rapidement des plats «panasiatiques» (thaïs, sichuanais, cantonais, malais, vietnamiens) délicieux et bien présentés. La salle à manger et le service surprennent agréablement pour un établissement à prix modéré.

Bars et boîtes de nuit *(voir carte p. 93)*

El Mocambo [8]
464 Spadina Ave., 416-777-1777,
www.elmocambo.ca

Depuis que les Rolling Stones y ont joué dans les années 1960, le petit El Mocambo est demeuré l'un des rendez-vous les plus légendaires de la scène musicale torontoise, même s'il est situé hors des zones culturelles de la ville.

The Silver Dollar Room [9]
486 Spadina Ave., 416-763-9139,
www.silverdollarroom.com

Boîte dans la plus pure tradition de Chicago. On y présente des spectacles de blues de musiciens locaux et internationaux.

Salles de spectacle

(voir carte p. 93)

Buddies in Bad Times Theatre [10]
12 Alexander St., 416-975-8555,
www.buddiesinbadtimes.com

L'une des plus grandes compagnies théâtrales gays et lesbiennes du monde, elle monte des pièces canadiennes radicales et controversées.

Lèche-vitrine

(voir carte p. 93)

Librairie

University of Toronto Bookstore [14]
Koffler Centre, 214 College St., 416-640-7900
ou 800-665-8810, www.uoftbookstore.com

Cette excellente librairie qui renferme un nombre impressionnant d'œuvres de domaines variés mérite le détour si une envie soudaine de bouquiner vous prend.

Offrir

Gardiner Shop [11]
Gardiner Museum, 111 Queen's Park Crescent,
416-586-8080, www.gardinermuseum.on.ca

Le Gardiner Museum est connu pour sa magnifique collection de porcelaines et de poteries, et il attire les amateurs. Sa boutique, la Gardiner Shop, se devait donc de répondre à leurs attentes, en leur offrant un

University of Toronto Bookstore.

Queen's Park et l'Université de Toronto

beau choix de pièces décoratives de porcelaine, de verre ou de céramique des artistes d'aujourd'hui. S'y trouve aussi une étonnante collection de bijoux.

ROM Museum Store [13]
Royal Ontario Museum (ROM), entrée par la rue Bloor, juste à l'ouest du Queen's Park Crescent, 416-586-5766, www.rom.on.ca
Fouiner dans la boutique du ROM permet de se procurer de belles reproductions des pièces exposées au musée, souvent conçues avec réalisme et constituant de fort beaux cadeaux. On peut également y acheter des livres, des bijoux et divers objets décoratifs. L'énorme boutique se loge dans le *Crystal* et

est donc composée de nombreux espaces triangulaires fascinants.

Vêtements neufs

Out on the Street [12]
551 Church St., 416-967-2759
Au cœur du Gay Village, Out on the Street s'affiche comme *«your friendly neighbourhood queer store»*. Il n'y a pas de fausse représentation, car il est vrai que le service est affable et que sa clientèle est gay et lesbienne. On y vend principalement des vêtements, mais aussi des bijoux, des accessoires, des cartes postales et autres menus articles.

8 ↘

Bloor Street et Yorkville Avenue

À voir, à faire

(voir carte p. 101)

Le présent circuit couvre les environs du chic secteur Bloor-Yorkville, désormais synonyme de cher, huppé et à la mode grâce à d'excellentes adresses de magasinage. Ce circuit s'étend de Bloor Street West à la Davenport Road au nord, entre l'Avenue Road à l'ouest et Yonge Street à l'est.

La partie de Bloor Street qui s'étend de Queen's Park Crescent/Avenue Road à Yonge Street présente une série d'immeubles de bureaux modernes et de centres commerciaux, ainsi que de boutiques et galeries ultrachics où vous retrouverez des noms aussi prestigieux que Cartier, Chanel, Prada, Guerlain et

Louis Vuitton. Cette partie de Bloor Street est LA grande avenue marchande de Toronto; vous voilà prévenu! À vous, donc, de la parcourir en toute hâte ou au contraire de vous y attarder... selon votre budget.

Partez de l'intersection de Bloor Street et d'University Avenue, qui devient l'Avenue Road au nord de Bloor Street.

Manulife Centre [1]

55 Bloor St. W.; métro Bay Station

Cet édifice titanesque regroupe des appartements, des bureaux, des commerces et le **Panorama Lounge** *(voir p. 103)*, qui offre une vue fantastique sur le centre-ville. De l'autre côté de Bloor Street se dresse le **Holt Renfrew Centre** [2] *(50 Bloor St. W.; métro Bay Station)*,

Yorkville Avenue.

à la fois le magasin principal au Canada de ce grand nom des magasins à rayons et un chic centre commercial. Enfin, le **Hudson's Bay Centre** [3] *(2 Bloor St. E.; métro Bloor-Yonge Station)* domine l'intersection mythique pour le moins passante des rues Bloor et Yonge.

À Yonge Street, tournez à gauche et prenez la direction de Yorkville Avenue et du quartier branché de Yorkville.

Yorkville Avenue, Cumberland Street et Hazelton Avenue ★ [4, 5, 6]

Un regroupement exceptionnel de galeries, de boutiques et de cafés bordent Yorkville Avenue et Cumberland Street. Quelques joyaux architecturaux vous attendent par ailleurs sur Hazelton Avenue. Tous ont été rafraîchis avec fidélité, tant et si bien que certains bâtiments semblent neufs, mais le résultat n'en est pas moins esthétique et mérite d'être vu.

Yorkville Park ★★ [7]
sur le côté sud de Cumberland Street entre l'Avenue Road et Bellair Street

Ce célèbre parc urbain, aménagé au-dessus de la station de métro Bay, s'impose comme un exemple peu commun d'écologie urbaine, d'histoire locale et d'identité régionale. Il se divise en 13 zones, chacune représentant une facette de la géographie de la province. L'énorme rocher en marge de son centre est de granit et provient de la région de Sudbury, dans le Bouclier canadien.

Bloor Street et Yorkville Avenue

Bloor Street et Yorkville Avenue

Holt Renfrew Centre.

À voir, à faire ★

1.	CY	Manulife Centre
2.	CX	Holt Renfrew Centre
3.	CX	Hudson's Bay Centre
4.	AX	Yorkville Avenue
5.	BX	Cumberland Street
6.	AW	Hazelton Avenue
7.	AX	Yorkville Park

Cafés et restos ●

8.	AX	C5
9.	BW	Flo's Diner
10.	BX	Jacques Bistro du Parc
11.	AX	Opus Restaurant on Prince Arthur
12.	BX	Sassafraz
13.	AW	Whole Foods Market

Bars et boîtes de nuit ☽

14.	CY	Panorama Lounge
15.	CX	The Bishop and The Belcher

Lèche-vitrine ▣

16.	CY	Bay Bloor Radio
17.	CX	De Catarina
18.	AW	Elisabeth Legge
19.	AW	Hazelton Lanes
20.	CX	Holt Renfrew Centre
21.	CW	Jeanne Lottie
22.	CY	Manulife Centre
23.	AX	Over the Rainbow
24.	CX	Stollerys
25.	CX	Taschen!
26.	CX	The Cookbook Store
27.	AX	The Toy Shop

Hébergement ▲

28.	AW	The Hazelton Hotel
29.	BX	Windsor Arms Hotel

©ULYSSE

Cafés et restos

(voir carte p. 101)

Flo's Diner *$-$$* [9]
70 Yorkville Ave., 416-961-4333,
www.flosdiner.ca

Un *diner* dans la plus pure tradition américaine qui sert omelettes, hamburgers et autres petits classiques à prix doux. Les plats ne sortent pas de l'ordinaire, mais Flo's permet de manger sans casser sa tirelire dans le quartier le plus cher de la ville. À noter qu'en été on peut s'installer sur la terrasse aménagée à l'étage, avec une vue directe sur les *beautiful people* qui se dirigent vers Yorkville.

Whole Foods Market *$-$$* [13]
Hazelton Lanes, 87 Avenue Rd.,
416-944-0500, http://wholefoodsmarket.com

Le supermarché des gourmets fortunés. Si populaire qu'il a redonné un second souffle au chic centre commercial Hazelton Lanes. Des comptoirs «pour emporter» proposent des plats biologiques qui pourraient fort bien vous convertir aux vertus des produits bios. Petit espace restaurant, aménagé entre le supermarché et le corridor du centre commercial, pour savourer vos sélections sur place.

C5 *$$$* [8]
Royal Ontario Museum, 100 Queen's Park Crescent, 416-586-7928

Au cinquième étage du *Crystal* du **Royal Ontario Museum** (voir p. 94), le restaurant-*lounge* C5 propose un menu créatif qui met

C5.

à l'honneur les produits de l'Ontario dans un lieu chic avec cuisine à aire ouverte, dont les grandes baies vitrées donnent sur le centre-ville. Brunch le dimanche. Les jeudis, on peut apporter son vin (moyennant des frais de bouchon, ou *corkage fees*, de 5$).

Opus Restaurant on Prince Arthur *$$$* [11]
37 Prince Arthur Ave., 416-921-3105,
www.opusrestaurant.com

Affichant un décor contemporain, l'Opus élabore une cuisine raffinée et moderne, mélange de recettes traditionnelles et de différentes traditions culinaires dans un style continental. Les produits canadiens sont à l'honneur, comme le foie gras et l'agneau du Québec. Un jardin à l'arrière abrite une terrasse. Carte des vins exceptionnelle.

Jacques Bistro
du Parc $$$$ [10]
126-A Cumberland St., 416-961-1893,
http://jacquesbistro.com

Il faut vraiment se donner la peine de trouver le restaurant Jacques Bistro du Parc, aussi appelé « Jacques l'Omelette ». Ce tout petit établissement au charme indubitable est situé à l'étage d'une belle maison de Yorkville. Français jusqu'au bout des doigts, il propose une cuisine simple mais de qualité, comme ces ris de veau au calvados et ce carré d'agneau à la provençale.

Sassafraz $$$$ [12]
100 Cumberland St., 416-964-2222,
www.sassafraz.ca

C'est comme un grand bar-bistro avec baies vitrées permettant de ne rien rater du spectacle de la rue que se présente le Sassafraz. Son agréable salle à manger au mobilier et à l'éclairage modernes accueille les convives à la recherche d'une atmosphère feutrée. Son menu de cuisine « canadienne-contemporaine » privilégie les produits régionaux de l'Ontario. Si vous ne deviez vous offrir un repas gastronomique qu'une seule fois à Toronto, Sassafraz serait un bon choix.

Bars et boîtes
de nuit *(voir carte p. 101)*

Panorama Lounge [14]
Manulife Centre, 55 Bloor St. W., 416-967-0000

Bar romantique et touristique au 51e étage du **Manulife Centre** (voir p. 98, 104). Les boissons et les cocktails y sont coûteux, mais la vue est vraiment spectaculaire de là-haut. Code vestimentaire de rigueur. La terrasse est ouverte tout l'été.

**The Bishop
and The Belcher** [15]
175 Bloor St. E., 416-591-2352,
http://bishopandbelcher.com

Un beau pub à l'anglaise où l'on offre un bon choix de bières pression. Le choix de plats est très varié : il y a même de la poutine !

Lèche-vitrine

(voir carte p. 101)

Antiquités

Elisabeth Legge [18]
37B Hazelton Ave., 416-972-1378,
www.leggeprints.com

La boutique Elisabeth Legge n'a rien de commun avec les autres antiquaires. Elle renferme des gravures anciennes et même des chefs-d'œuvre parfois centenaires qui ornaient jadis les plus beaux ouvrages. Vous y ferez à coup sûr des trouvailles.

Centres commerciaux
et grands magasins

Holt Renfrew Centre [20]
50 Bloor St. W., 416-963-7713,
www.holtrenfrewcentre.ca

Le Holt Renfrew Centre compte plus de 25 belles boutiques qui proposent aussi bien de la haute couture que des vêtements sport, des chaussures et de la lingerie. De

Bloor Street et Yorkville Avenue

Bloor Street et Yorkville Avenue

grands designers canadiens y sont représentés. Au sous-sol, le café du Holt Renfrew permet de faire une pause dans un décor agréable à des prix étonnamment bas.

Manulife Centre [22]
55 Bloor St. W., 416-923-9525, www.manulifecentre.com

Relié par un corridor souterrain à son voisin d'en face qu'est le Holt Renfrew Centre, le Manulife Centre compte 50 boutiques spécialisées en marge du chic secteur de Bloor-Yorkville. On y trouve aussi un grand cinéma et le Panorama Lounge, qui offre des vues magnifiques sur le centre-ville.

Hazelton Lanes [19]
87 Avenue Rd., 416-968-8680, www.hazeltonlanes.com

Le centre commercial Hazelton Lanes, une véritable «référence chic» à Toronto, possède plus de 60 boutiques haut de gamme spécialisées dans les vêtements et les bijoux. Des noms comme Andrews, Jacadi et Georges Rech y sont représentés. La clientèle est très différente de celle des autres centres commerciaux…

Stollerys [24]
1 Bloor St. W., angle Yonge St., 416-922-6173 ou 800-540-5892, www.stollerys.com

Dans une métropole de la finance réputée pour son éthique du travail acharné et ses valeurs conventionnelles, il n'est pas étonnant de trouver plusieurs magasins de vêtements qui habillent les hommes bien mis qui travaillent dans des bureaux.

Stollerys est le mieux situé et le plus grand de ces magasins, à l'angle mythique des rues Yonge et Bloor.

Électronique

Bay Bloor Radio [16]
Manulife Centre, 55 Bloor W. (l'entrée du magasin se trouve dans Bay St. entre les rues Bloor et Charles), 416-967-1122, http://baybloorradio.com

Fascinant commerce de produits électroniques établi à l'intersection de Bay et Bloor depuis 1946. Tous les grands noms de l'électronique y sont, et d'excellentes marques peu connues s'y trouvent aussi! Un endroit de connaisseurs où l'on ne vend pas simplement pour vendre, mais plutôt pour fidéliser le client.

Jouets

The Toy Shop [27]
62 Cumberland St., 416-961-4870, www.thetoyshop.com

The Toy Shop est rempli à craquer de jouets éducatifs, de poupées magnifiques, d'ours en peluche et de maisons de poupée avec leurs meubles miniatures, bref de quoi plaire aux enfants sages et aux adultes demeurés jeunes dans leur cœur.

Librairie

The Cookbook Store [26]
850 Yonge St., 416-920-2665, www.cook-book.com

En face de la Toronto Reference Library se trouve The Cookbook Store, qui vous mettra en appétit avec son grand choix de livres de cuisine.

Manulife Centre.

Maroquinerie

Jeanne Lottie [21]
32 Scollard St., 416-975-5115,
www.jeannelottie.com

Depuis 1985, la maison de la designer canadienne Jane Ip crée des sacs à main originaux, colorés et imaginatifs, vendus à des prix relativement raisonnables.

Taschen! [25]
29 Yorkville Ave., 416-923-2322,
www.taschen.ca

Réputée boutique d'articles de cuir, Taschen! vend de magnifiques sacs à main, valises, porte-documents et autres produits de grande qualité. La boutique représente les plus grandes marques de designers, telles la maison allemande Bree et l'italienne Mandarina Duck.

De Catarina [17]
Manulife Centre, 55 Bloor St. (au sous-sol),
416-966-0562, www.decatarina.com

Valises, sacs à main, articles de cuir et accessoires de voyage haut de gamme à prix réduits, vendus avec le sourire. Les grandes marques solides comme Delsey y sont proposées. Si vous voulez du bas de gamme, sachez qu'ils ont un petit magasin adjacent qui en vend.

Vêtements neufs

Over the Rainbow [23]
101 Yorkville Ave., 416-967-7448,
www.rainbowjeans.com

Vous trouverez ici une grande variété de jeans dernier cri, ainsi que des vêtements tout-aller et des accessoires de mode, tant pour les hommes que pour les femmes.

9 ↘

Ailleurs à Toronto

The Annex ★★

À voir, à faire

Au nord de Bloor Street West jusqu'à Dupont Street, entre l'Avenue Road et Bathurst Street, s'étend l'un des premiers secteurs annexés à la ville de Toronto (1887), et qui porte encore aujourd'hui à juste titre le nom de «The Annex». Comme il s'agissait d'une banlieue conçue sur plan, une certaine homogénéité architecturale y prévaut, tant et si bien que même les pignons, les tourelles et les corniches qui font sa marque s'alignent tous à égale distance de la rue. Dans l'ensemble, ce quartier conserve ses airs d'il y a une centaine d'années; cela témoigne bien du souci des Torontois quant à la valeur historique de leur environnement architectural.

Rendez-vous à l'angle sud-ouest des rues Bloor et St. George.

Bata Shoe Museum ★★★ [1]

14$; lun-mer et ven-sam 10h à 17h, jeu jusqu'à 20h, dim 12h à 17h; 327 Bloor St. W., 416-979-7799, www.batashoemuseum.ca; métro St. George Station

Ce musée, le seul du genre en Amérique du Nord, renferme plus de 12 000 paires de chaussures et offre une perspective unique sur les différentes cultures de la planète. Le bâtiment a été dessiné par l'architecte Raymond Moriyama de manière à ressembler à une boîte à chaussures, et le cuivre oxydé qui orne la bordure du toit vise à créer l'impression d'un couvercle posé sur cette boîte.

Le musée présente entre autres l'exposition *All About Shoes*, un fascinant regard sur 4 500 ans de chaussures, leur évolution, leurs usages, leur fabrication et leur matériel, et leur place dans nos vies et dans notre imagination: anciennes sandales funéraires,

Bata Shoe Museum.

souliers de soie chinois, godasses haute couture, de même qu'une vitrine des chaussures des célébrités au petit théâtre Star Turns. Trois expositions temporaires sont aussi proposées aux visiteurs en tout temps de l'année.

Marchez vers l'ouest jusqu'à la Spadina Road, tournez à droite et dirigez-vous vers le nord jusqu'à la Davenport Road (environ 10 min de marche). Vous pouvez aussi prendre le métro à la St. George Station jusqu'à la Dupont Station, puis marcher 2 min vers le nord sur la Spadina Road.

Casa Loma ★ ★ ★ [2]
20$; tlj 9h30 à 17h; 1 Austin Terrace, 416-923-1171, www.casaloma.org; métro Dupont Station

Immense château écossais de 98 pièces construit en 1914 pour l'excentrique et riche colonel Sir Henry Mill Pellatt (1859-1939). Le vaste hall, doté d'un orgue à tuyaux, peut accueillir plus de 500 invités. Le clou de la visite est une bibliothèque de 100 000 volumes. Même en parcourant l'Europe, on voit peu de bâtiments aussi fastueux. Du sommet des tours, on y contemple de belles vues sur le centre de Toronto.

Cafés et restos

Future Bakery and Cafe $ [4]
483 Bloor St. W., 416-922-5875

À la fois café, boulangerie et cafétéria servant des repas est-européens, Future Bakery and Cafe constitue un endroit apprécié par une clientèle plutôt jeune et branchée. Agréable terrasse qui rythme la vie de la rue.

Ailleurs à Toronto

The Annex

Casa Loma.

À voir, à faire ★

1.	DZ	Bata Shoe Museum
2.	CX	Casa Loma

Cafés et restos ●

3.	AZ	Country Style Hungarian Restaurant
4.	BZ	Future Bakery and Cafe
5.	DX	Le Paradis
6.	BZ	Sushi on Bloor

Bars et boîtes de nuit ♩

7.	BZ	Brunswick House
8.	AZ	Clinton's
9.	AZ	Insomnia
10.	AZ	Lee's Palace
11.	CZ	Madison Avenue Pub
12.	AZ	Pauper's Pub

Lèche-vitrine ■

13.	AZ	Honest Ed's

Hébergement ▲

14.	CZ	Global Guest House
15.	CY	Madison Manor Boutique Hotel

Hazelton Ave.

x

y

z

Queen's Park

Webster Ave.

Avenue Rd.

Yorkville Ave.

300m

e

150

Pears Ave.

Davenport Rd.

Bernard Ave.

Tranby Ave.

Boswell Ave.

Elgin Ave.

Prince Arthur Ave.

Bloor St. W.

Bedford Rd.

5

ST. GEORGE

Devonshire Pl.

Admiral Rd.

d

Admiral Rd.

St. George St.

St. George St.

1 ★

Huron St.

Lowther Ave.

Huron St.

Bernard Ave.

Madison Ave.

15 **11**

SPADINA

c

2 ←

Spadina Ave.

14

Spadina Ave.

Sussex Ave.

Walmer Rd.

Walmer Rd.

Robert St.

Jean Sibelius Square

Kendal Ave.

Major St.

Dalton Rd.

b

Brunswick Ave.

Wells St.

Brunswick Ave.

7

4

Brunswick Ave.

Howland Ave.

Barton Ave.

6

Howland Ave.

N

Albany Ave.

BATHURST

3

Bloor St. W.

10

12

Bathurst St.

Barton Ave.

9

Lennox St.

13 ■

Rossmore Rd.

Markham St.

London St.

Markham St.

Vermont Square

Palmerston Ave.

Palmerston Ave.

8 ↓

©ULYSSE

Insomnia.

Country Style Hungarian Restaurant $$ [3]
450 Bloor St. W., 416-536-5966

Petit restaurant de quartier sans prétention, le Country Style est le dernier bastion de cuisine familiale est-européenne de l'Annex. Ses plats aux effluves hongrois (ragoûts, goulash, rouleaux au chou) et la bonne humeur de son personnel attirent une clientèle d'habitués et une autre originaire d'Europe de l'Est.

Sushi on Bloor $$ [6]
515 Bloor St. W., 416-516-3456,
www.sushionbloor.com

Le Sushi on Bloor est une adresse fort populaire. Attablée dans une pièce longue et étroite, la clientèle plutôt animée profite de petits prix et d'une atmosphère à l'opposé du chic et branché. Cela dit, les sushis et autres spécialités nippones ne manquent ici ni de classe ni de saveur!

✿ Le Paradis $$$ [5]
166 Bedford Rd., 416-921-0995,
www.leparadis.com

Le Paradis, un petit bistro, propose une cuisine française authentique à des prix tout à fait abordables. On se spécialise ici dans les plats en cocotte (agneau et canard) et dans les poissons. Le décor est simple et le service discret, mais sa délicieuse cuisine, comme en témoigne sa clientèle dévouée, en fait un restaurant à ne pas manquer.

Bars et boîtes de nuit

Brunswick House [7]
481 Bloor St. W., 416-964-2242

Écrans géants, jeu de palets, tables de billard et bières pression bon marché. C'est un des rendez-vous étudiants les plus populaires de Toronto, et ce, dans une salle pimpante qui date pourtant de 1876.

Clinton's [8]
693 Bloor St. W., 416-535-9541, www.clintons.ca
Des concerts ou des événements thématiques presque tous les soirs, entre autres des soirées de musique rétro, de poésie ou de théâtre. Des bouchées végétariennes permettent de casser la croûte, et l'agréable terrasse est populaire en été.

Insomnia [9]
563 Bloor St. W., 416-588-3907,
www.insomniacafe.com
Resto-bar branché qui accueille une jeune clientèle dans un cadre léché et dépouillé. Un DJ anime les soirées. Apprécié pour ses brunchs et martinis (pas en même temps!).

Lee's Palace [10]
529 Bloor St. W., 416-532-1598,
www.leespalace.com
Reconnaissable par sa façade colorée, ornée de personnages de dessins animés. C'est ici que se sont produits Nirvana et Oasis avant d'être connus, et l'on y vient nombreux en quête de bons spectacles de musique rock et alternative ou pour découvrir de nouveaux talents. La Dance Cave, située à l'étage supérieur malgré son nom, accueille des DJ, tandis que le rez-de-chaussée est dédié aux spectacles. Une vraie institution du rock.

Madison Avenue Pub [11]
14 Madison Ave., 416-927-1722,
www.madisonavenuepub.com
Un des établissements les plus courus en ville – on y voit surtout des étudiants, anciens ou nouveaux, de l'Université de Toronto. Ce sont trois demeures victoriennes accolées qui sont réunies sous l'appellation du «Madison Avenue Pub». On y trouve un ensemble de 12 bars, dont 5 sur

Ailleurs à Toronto

les belles terrasses de l'établissement, et un *lounge* dédié aux événements sportifs.

Pauper's Pub [12]
539 Bloor St. W., 416-530-1331,
www.pauperspub.com

Ce bar accueille une clientèle variée dans une atmosphère détendue et tranquille. Il dispose d'une terrasse sur le toit offrant une belle vue panoramique.

Lèche-vitrine

Magasin d'aubaines

Honest Ed's [13]
581 Bloor St. W., 416-537-1574,
http://honesteds.sites.toronto.com

Réputé depuis 1948 pour ses aubaines de toutes sortes, Honest Ed's est un incontournable en ville pour quiconque aime économiser. On y trouve un large éventail d'articles en tout genre, allant des produits d'alimentation aux vêtements en passant par les meubles et les cosmétiques. En fait, ce grand magasin n'est pas si «économique», mais le génie de l'endroit est d'être merveilleusement sympathique et divertissant.

The Beaches ★★

À voir, à faire

Si la perspective de jouir du sable chaud et du soleil radieux sur fond de vagues étincelantes berçant les voiliers à l'horizon vous enchante, n'hésitez pas un instant à filer jusqu'aux plages. Les Torontois témoignent d'un atta-

chement presque féroce pour The Beaches (qu'ils appellent parfois «The Beach»). Les plages s'étendent de Woodbine Avenue, à l'ouest, à la R.C. Harris Filtration Plant, à l'est (usine de filtration d'eau), et de la rive du lac Ontario, au sud, à Queen Street East, au nord, laquelle en est une des principales artères. La qualité de l'eau s'est améliorée ces dernières années, mais on ne peut pas toujours s'y baigner. Pour en être sûr, composez le 416-392-7161 (Beach Water Quality Hotline).

Prenez le tramway (n° 501) dans Queen Street en direction est (comptez environ 25 min depuis le centreville). Arrêtez-vous à Woodbine Avenue et marchez vers le lac Ontario en longeant l'important développement immobilier qui s'y trouve.

The Beaches.

D'est en ouest, les plages Woodbine, Kew et Balmy sont traversées par une piste cyclable, le **Martin Goodman Trail** [1], et par une promenade en planches (**The Boardwalk**). Le **Kew Gardens Park** [2] représente une halte de choix, car il est protégé par de hauts chênes et l'on y trouve mille activités récréatives et communautaires. Les amateurs de sports nautiques pourront se rendre au Balmy Beach Canoe Club pour louer une embarcation.

La promenade se rend jusqu'à Silver Birch Avenue. De là, laissez le sable s'infiltrer entre vos orteils et marchez la distance de quelques pâtés de maisons jusqu'à la **R.C. Harris Filtration Plant** [3], aussi dénommée «The Waterworks». Cette usine de filtration des eaux, avec son architecture Art déco à très grande échelle, figure parmi les bâtiments les plus évocateurs de Toronto, à tel point que d'aucuns y voient le plus vénérable exemple d'«ingénierie faite art» de la ville.

Après votre excursion sur les plages de Toronto, allez explorer **Queen Street East** [4], tout indiquée pour vous reposer du soleil, vous restaurer ou tout simplement terminer votre journée en sirotant une bière. Vous trouverez agréable de flâner dans ses boutiques, ou encore de vous attarder à l'une de ses nombreuses terrasses. Si Queen Street est l'artère commerciale, les rues transversales ne manquent certes pas de charme, avec leurs demeures cossues, leurs résidents plutôt *cool* et leurs rues bordées d'arbres centenaires.

The Beaches

À voir, à faire ★

1. CY Martin Goodman Trail/The Boardwalk
2. CX Kew Gardens Park
3. EX R.C. Harris Filtration Plant
4. CX Queen Street East

Cafés et restos ●

5. CX Sunset Grill
6. EX The Beacher Café
7. CX Whitlock's
8. DX Yumei Sushi

Bars et boîtes de nuit ♪

9. DX Castro's Lounge

Cafés et restos

Sunset Grill $-$$ [5]
2006 Queen St. E., 416-690-9985, www.sunsetgrill.ca

Envie d'un copieux petit déjeuner traditionnel comme à la ferme ? Le Sunset Grill sert tout au long de la journée œufs frits, bacon, saucisses et pommes de terre rissolées. Le pain doré (pain perdu) et les omelettes sont excellents. Hamburgers et sandwichs complètent le menu. On doit s'attendre à y faire la queue avant de s'offrir le fameux brunch du dimanche.

The Beacher Café $-$$ [6]
2162 Queen St. E., 416-699-3874, www.thebeachercafe.com

Le Beacher Café est un classique du secteur. Reconnaissable aux jolis auvents qui protègent sa terrasse, il propose un menu typique de café, avec omelettes, quiches, salades et un choix de viandes grillées. Le petit déjeuner est la spécialité, les œufs bénédictine (œufs, jambon et muffin anglais nappés de sauce hollandaise) en particulier.

Whitlock's $$ [7]
1961 Queen St. E., 416-691-8784, www.whitlocks.ca

Installé dans un vieux bâtiment, ce charmant petit restaurant baigne dans une atmosphère sans prétention. On y sert de tout : pâtes, steaks, sandwichs et sautés aux accents asiatiques. Le brunch du dimanche est réputé.

Yumei Sushi $$ [8]
2116 Queen St. E., 416-698-7705, www.yumeisushi.ca

Avec ses excellents sushis et sashimis, son choix de tempuras et de plats teriyakis, Yumei Sushi comble

les amateurs de cuisine nippone. Le décor de ce petit restaurant apparaît fort sympathique, et ses cubicules cloisonnés à la japonaise lui donnent un cachet qui mérite d'être souligné.

Bars et boîtes de nuit

Castro's Lounge [8]
2116 Queen St. E., 416-699-8272, http://castroslounge.com

Les hauts murs rouges du Castro's Lounge sont ornés de photos du Líder Máximo, du Che et d'autres révolutionnaires. Cet endroit intime et attachant vaut une visite pour ses spectacles et ses bières – choix réduit mais de qualité.

Au nord de Toronto

À voir, à faire

Ontario Science Centre ★★
18$; fin juin à début sept tlj 10h à 19h, sept à juin tlj 10h à 17h; 770 Don Mills Rd., 416-696-1000 ou 888-696-1110, www.ontariosciencecentre.ca; métro Pape Station et bus 25

Ce qui est particulier au Centre des sciences de l'Ontario et ce qui le rend par la même occasion si intéressant, ce sont les diverses démonstrations et expériences auxquelles vous et vos enfants pouvez vous prêter afin de mieux comprendre comment fonctionne notre univers. Dans un magnifique bâtiment conçu dans une belle vallée par l'architecte Raymond Moriyama, il abrite neuf salles d'exposition réparties sur plusieurs étages.

Ontario Science Centre.

Canada's Wonderland ★★

laissez-passer d'une journée 57$/3-59 ans (40$ si acheté et imprimé en ligne); stationnement 15$; mai et sept sam-dim 10h à 20h, juin à août tlj 10h à 22h, oct sam-dim 10h à 17h; 9580 Jane St., Vaughan; à plus de 30 min du centre-ville, sortie Rutherford de l'autoroute 400; 905-832-7000, www.canadaswonderland.com.

Pour vous y rendre en transports en commun, de la station de métro Yorkdale ou York Mills, prenez l'autobus GO Express spécialement marqué (n° 60, fréquence : aux demi-heures).

Un endroit mémorable si vous disposez d'une journée libre et que vous désirez faire plaisir à vos enfants. Parmi les manèges à vous mettre sens dessus dessous figurent le Behemoth et le Leviathan, les montagnes russes les plus rapides au Canada (respectivement 125 et 148 km/h!). Vous trouverez également ici le grand parc aquatique Splash Works.

À l'est de Toronto

À voir, à faire

Toronto Zoo ★★

25$, stationnement 10$; mai à sept tlj 9h à 19h30, heures réduites le reste de l'année; suivez l'autoroute 401 jusqu'à la sortie 389, puis prenez Meadowvale Dr.; 416-392-5929, www.torontozoo.com

Un zoo majeur avec plus de 5 000 animaux de quelque 500 espèces dans un magnifique parc de près de 300 ha. La visite du pavillon d'Afrique est particulièrement intéressante, car il s'agit d'une grande serre dans laquelle le climat et la végétation du continent noir ont été recréés. La faune canadienne est mise en valeur avec une hutte de castors notamment, et plusieurs espèces pouvant s'adapter au climat d'ici s'ébattent librement dans de vastes enclos.

toronto
pratique

↘ Les formalités

Passeports et visas

Pour la plupart des citoyens des pays de l'Europe de l'Ouest, un passeport valide suffit, et aucun visa n'est requis pour un séjour de moins de trois mois au Canada. Il est possible de demander une prolongation de trois mois. Un billet de retour ainsi qu'une preuve de fonds suffisants pour couvrir le séjour peuvent être demandés. Pour connaître la liste des pays dont les citoyens doivent faire une demande de visa de séjour, consultez la page du Bureau canadien des visas sur le site Internet de **Citoyenneté et Immigration Canada (CIC)** *(888-242-2100, www.cic.gc.ca)*.

↘ L'arrivée

Par avion

Toronto Pearson International Airport

Le **Toronto Pearson International Airport** *(416-247-7678 ou 866-207-1690, www.torontopearson. com)* accueille les vols internationaux, ainsi que divers vols intérieurs en provenance d'autres provinces canadiennes. Il s'agit du plus grand et du plus achalandé des aéroports canadiens.

Plusieurs agences de location de voitures y sont représentées, et des autobus gratuits font la navette entre les trois aérogares de l'aéroport.

Accès au centre-ville par voiture: l'aéroport est situé à 27 km du centre-ville. En voiture, suivez l'autoroute 427 en direction sud jusqu'à la Queen Elizabeth Way East, qui prend le nom de Gardiner Expressway. Prenez ensuite la sortie York St., Yonge St. ou Bay St. vers le centre-ville.

Accès au centre-ville par taxi ou limousine: l'aéroport de Toronto est desservi par plus de 350 taxis et 250 limousines. Une course en taxi jusqu'au centre-ville coûte environ 50$. Comptez environ 15$ de plus pour faire le même trajet en limousine.

Accès au centre-ville par autocar: vous pouvez également profiter du service de navette par autocar, l'**Airport Express** *(23,95$ aller simple, 39,95$ aller-retour; 905-564-3232 ou 800-387-6787, www.torontoairportexpress.com)*, qui relie l'aéroport à divers points du centre-ville, y compris certains grands hôtels. Il s'agit d'un moyen économique et confortable pour aller en ville, même si vous ne logez pas dans un des hôtels que l'autocar croise sur sa route. Cette navette assure jour et nuit la liaison entre les trois aérogares de l'aéroport et le centre-ville, et vice versa.

Billy Bishop Toronto City Airport.

De l'aéroport, les départs se font aux 20 min ou 30 min; du centre-ville, le même horaire s'applique, avec des arrêts à divers points comme le Delta Chelsea, le Metropolitan Hotel, le Bond Place, le Hyatt Regency Toronto, l'InterContinental du centre-ville, le Westin Harbour Castle, le Fairmont Royal York Hotel, le Toronto Coach Terminal (autocars) et l'Union Station (trains).

Accès au centre-ville par les transports publics: des autobus de la **Toronto Transit Commission** *(3$ incluant un billet de correspondance pour le métro; 416-393-4636, www.ttc.ca)* vont directement de l'aéroport à la station de métro Kipling en 20 min (ligne verte) et à la station de métro Lawrence West en 40 min (ligne jaune).

Billy Bishop Toronto City Airport

Le **Billy Bishop Toronto City Airport** *(416-203-6942, http://www.torontoport.com/airport.aspx)*, connu jusqu'en 2009 sous le nom de Toronto City Centre Airport, se trouve sur Hanlan's Point, dans les îles de Toronto. Vous pouvez l'atteindre rapidement depuis le centre-ville grâce à une navette lacustre gratuite dont l'embarcadère se trouve au pied de Bathurst Street. Les départs se font aux 15 min. Cet aéroport est desservi par des vols de **Porter Airlines** *(888-619-8622, www.flyporter.com)* et d'**Air Canada** *(888-247-2262, www.aircanada.com)*.

Toronto pratique

Union Station.

Par autocar

Les services d'autocars à destination et en provenance de Toronto sont assurés par diverses compagnies dont les principales sont **Greyhound Canada** *(800-661-8747, www.greyhound.ca)* et **Coach Canada** *(800-461-7661, www.coachcanada.com)*.

Gare d'autocars de Toronto, le **Toronto Coach Terminal** *(610 Bay St., angle Dundas St., 416-393-7911, www.torontocoachterminal.com)* se trouve au centre-ville, juste à l'est du quartier chinois (Chinatown).

Par train

VIA Rail *(888-842-7245, www.viarail.ca)* est la seule compagnie qui assure la liaison par train entre les provinces canadiennes, et elle dessert plusieurs villes du nord et du sud de l'Ontario. Plusieurs départs ont lieu chaque jour à Montréal, Ottawa et Windsor vers Toronto, et deux trains se rendent tous les jours à Niagara Falls au départ de Toronto. Tous les trains à destination de Toronto arrivent à l'**Union Station** *(65 Front St. W., entre York St. et Bay St.)*.

Par voiture

Accès à la ville

La plupart des visiteurs qui arrivent de l'est ou de l'ouest en voiture entrent à Toronto par l'autoroute 401, qui traverse la portion nord de la ville. Si vous venez de l'ouest, prenez l'autoroute 427 vers le sud jusqu'à la Queen Elizabeth Way

Aller de Montréal à Toronto... oui, mais comment ?

De toutes les manières d'aller à Toronto depuis Montréal, les deux plus évidentes (l'automobile et les lignes aériennes régulières) ne sont pas les plus agréables. Le trajet en voiture dure environ 6h, et l'autoroute est très passante et pas jolie du tout; il y a moins de voitures la nuit, mais on assiste alors à un intense rallye de véhicules poids lourds qui en profitent pour éviter les embouteillages du jour.

Le trajet en avion est plus rapide *(durée: 1h15; à partir de 400$ aller-retour)*. Arriver en avion à l'aéroport Pearson dans la banlieue nord-ouest de Toronto force à faire un long trajet vers le centre-ville, coûteux en taxi et pas donné non plus en autocar, et pas très pratique en transports publics. Il est donc préférable de choisir un vol qui atterrit au Billy Bishop Toronto City Airport, qui se trouve à 10 min du centre-ville par navette gratuite. Porter Airlines propose des vols directs vers cet aéroport au départ de Montréal et de Québec, alors qu'Air Canada le dessert seulement à partir de Montréal.

Prendre le MegaBus de Canada Coach *(durée: environ 6h45; environ 80$ aller-retour lorsqu'on réserve à l'avance sur Internet)* est plus reposant que conduire, et les tarifs sont habituellement plus bas que le seul prix de l'essence consommée par une voiture entre Montréal et Toronto. Le départ de 13h30 (dans les deux directions) arrive vers 20h et permet donc d'éviter les heures de pointe dans les deux villes.

Toutefois, notre façon préférée de voyager entre les deux plus grandes villes canadiennes est le train. Les trajets de VIA Rail (à partir de 140$ aller-retour pour les trajets réservés trois jours à l'avance) mettent environ 5h à parcourir le trajet en assurant un grand confort aux passagers, de centre-ville à centre-ville. Avec cinq liaisons directs par jour en semaine (quatre la fin de semaine), c'est une option pratique tant pour les visiteurs que pour les nombreux voyageurs d'affaires qui se déplacent entre les deux villes.

Toronto pratique

East. Poursuivez sur cette voie (qui devient par la suite la Gardiner Expressway) et sortez à la rue York, Bay ou Yonge pour aller au centre-ville. Si vous venez de l'est par la 401, empruntez la Don Valley Parkway vers le sud qui devient la Gardiner Expressway, que vous suivrez vers l'ouest jusqu'à la sortie York, Bay ou Yonge. Quant à ceux qui arrivent des États-Unis, ils doivent suivre la Queen Elizabeth Way vers l'est, sur la rive du lac Ontario, jusqu'à ce qu'elle devienne la Gardiner Expressway, pour ensuite sortir à la rue York, Bay ou Yonge. Notez que la circulation est toujours très dense aux heures de pointe sur les grands axes routiers de Toronto.

Le logement

Le quartier des affaires et du spectacle renferme la plus grande concentration d'établissements hôteliers. Par contre, les prix sont bien sûr moins élevés en périphérie, où le charme des *neighbourhoods* torontois fait tout son effet.

Les rares *bed and breakfasts* sont aménagés en général dans les magnifiques demeures victoriennes des vieux quartiers résidentiels qui ceinturent le centre-ville. On trouve également de petits établissements hôteliers de caractère autour du chic secteur de Bloor-Yorkville, mais ils sont plus chers. Ceux qui désirent se plonger dans l'intense vie culturelle de Toronto devraient opter pour les secteurs de «Queen Street» et de «West Queen West».

Location d'appartements

Divers sites Internet proposent de mettre directement en contact les voyageurs avec des résidents de Toronto qui louent une chambre ou un appartement complet, moyennant des frais de service retenus sur le coût de chaque location. Cette option permet de faire de bonnes économies sur le coût de l'hébergement, mais il importe évidemment de demeurer vigilant, notamment en vérifiant les commentaires laissés par d'autres locataires.

Voici quelques sites qui offrent ce service:

www.airbnb.com
www.homeaway.com
www.roomorama.com

Auberges de jeunesse

The Planet Traveler $-$$
357 College St., 647-352-8747,
http://theplanettraveler.com

Hostelling International – Toronto Downtown $-$$
76 Church St., 416-971-4440 ou
877-848-8737, www.hihostels.ca

Canadiana Backpackers Inn $-$$
42 Widmer St., 416-598-9090 ou
877-215-1225, www.canadianalodging.com

Radisson Hotel Admiral Toronto – Harbourfront.

Hôtels

Les tarifs indiqués dans ce guide s'appliquent, sauf indication contraire, à une chambre pour deux personnes en haute saison, et ils n'incluent pas les taxes.

$	moins de 60$
$$	de 60$ à 100$
$$$	de 101$ à 150$
$$$$	de 151$ à 225$
$$$$$	plus de 225$

Chacun des établissements inscrits dans ce guide s'y retrouve en raison de ses qualités ou particularités, en plus de son rapport qualité/prix. Parmi ce groupe déjà sélect, certains établissements se distinguent encore plus que les autres. Nous leur avons donc attribué le label Ulysse ⊛. Celui-ci peut se retrouver dans n'importe lesquelles des catégories d'établissements : supérieure, moyenne-élevée, petit budget. Quoi qu'il en soit, dans chacun de ces établissements, vous en aurez pour votre argent. Repérez-les en premier !

Le Waterfront (voir carte p. 27)

Radisson Hotel Admiral Toronto – Harbourfront $$$$$ [16]
249 Queen's Quay W., 416-203-3333
ou 800-395-7046, www.radisson.com

Si vous aimez la mer, vous adorerez le Radisson Hotel Admiral Toronto – Harbourfront. Les chambres elles-mêmes donnent l'impression que l'on se trouve à bord d'un paquebot de croisière. La vue de la baie que vous offre la piscine du cinquième étage est tout à fait magnifique.

Toronto pratique

La salle de bal du Fairmont Royal York.

Westin Harbour Castle $$$$$ [17]
1 Harbour Square, 416-869-1600 ou 888-625-5144, www.starwoodhotels.com

Situé sur les rives du lac Ontario, le Westin Harbour Castle est tout près du secteur du Harbourfront et de la navette lacustre qui mène aux îles de Toronto. Les chambres sont sobres et contemporaines; celles qui donnent sur le lac ont des vues extraordinaires. À quelques minutes de marche de l'Air Canada Centre.

Le quartier des affaires et du spectacle
(voir carte p. 39)

The Strathcona Hotel $$$ [85]
60 York St., 416-363-3321 ou 800-268-8304, www.thestrathconahotel.com

Plus modeste que ses comparses du centre-ville, le Strathcona est un hôtel élégant à deux pas de la gare Union. Ses chambres agréables offrent un confort standard. Parfait pour les voyageurs d'affaires au budget serré.

Bond Place Hotel $$$-$$$$ [75]
65 Dundas St. E., 416-362-6061 ou 800-268-9390, www.bondplace.ca

Cet établissement est parfaitement situé si vous voulez vivre au rythme de la ville et de la foule bigarrée qui fourmille au Dundas Square, à l'angle des rues Dundas et Yonge. Les chambres, toutes refaites en 2011, ont un style frais et contemporain. Un des bons rapports qualité/prix parmi les hôtels d'affaires torontois.

Toronto pratique

est exceptionnelle et vaut un coup d'œil même si vous n'y séjournez pas. Internet sans fil gratuit.

Cambridge Suites Hotel $$$$-$$$$$ [76]
15 Richmond St. E., 416-368-1990 ou 800-463-1990,
www.cambridgesuitestoronto.com

Le Cambridge Suites Hotel propose des suites confortables et spacieuses. Pourvues de deux chambres à coucher, de cuisinettes et d'espaces de travail, elles plairont autant aux gens d'affaires qu'aux familles. La déco est sobre et élégante.

Sheraton Centre Toronto $$$$-$$$$$ [84]
123 Queen St. W., 416-361-1000 ou 888-325-3535, www.sheratontoronto.com

Très confortable et parfaitement situé, cet hôtel colossal compte 1 377 chambres dont les plus belles, celles des deux tours, disposent d'un ascenseur privé. Mais c'est peut-être le hall qui vous surprendra le plus, avec son magnifique jardin derrière les baies vitrées, doté d'une chute et d'un étang. Ce Sheraton possède la plus grande piscine au centre-ville, à la fois intérieure et extérieure; les clients de l'hôtel y ont accès gratuitement (sinon c'est 30$).

Cosmopolitan Toronto Hotel and Residences $$$$ [78]
8 Colborne St., 416-945-5455 ou 800-958-3488, www.cosmotoronto.com

Une expérience zen et moderne. Les chambres du Cosmopolitan sont munies de grandes fenêtres qui s'ouvrent (rare au centre-ville), et présentent une décoration qui a un je-ne-sais-quoi d'oriental et de relaxant. Vues inoubliables sur le lac Ontario et le centre-ville depuis les chambres des étages supérieurs. Cuisinettes dans les suites.

Hotel Victoria $$$$ [81]
56 Yonge St., 416-363-1666 ou 800-363-8228, www.hotelvictoria-toronto.com

Idéalement situé, à mi-chemin entre le Financial District et la gare Union. Les chambres sont confortables, quoique peu spacieuses car c'est un vieil hôtel. L'élégance du hall vitré

Fairmont Royal York $$$$$ [79]
100 Front St. W., 416-368-2511, 800-257-7544 ou 888-610-7575, www.fairmont.com/royalyork

Dès les premiers pas dans le luxueux hall (à voir), le séjour s'annonce inoubliable et le confort

Toronto pratique

exceptionnel. Les chambres, au charme vieillot, sont agréables et pourvues de toutes les commodités. Que ce soit pour manger dans son restaurant ou pour prendre un cocktail dans son réputé Library Bar, il fait bon participer à l'activité ambiante. Juste en face de la gare Union, c'est un des hôtels les plus fréquentés de Toronto.

Hôtel Le Germain $$$$$ [80]

30 Mercer St., 416-345-9500 ou 866-345-9501, www.germaintoronto.com

Dans une petite rue en marge du quartier des affaires et du spectacle, Le Germain séduit par le charme de sa décoration épurée. Les chambres sont élégantes dans leur simplicité, alliant à merveille plaisir, repos et affaires. Ambiance exceptionnelle, excellent restaurant et terrasse agréable. Un bijou...

InterContinental Toronto Centre $$$$$ [82]

225 Front St. W., 416-597-1400 ou 800-422-7969, www.torontocentre.intercontinental.com

Seul hôtel relié au Metro Toronto Convention Centre, l'InterContinental offre un niveau de service sensationnel, presque inouï en Amérique du Nord. Ses grandes chambres présentent une décoration contemporaine, au luxe moderne, aérée et recherchée, avec vues sur le centre-ville et le lac Ontario en prime. S'y trouve également The Spa, un des spas les plus recherchés de Toronto.

Renaissance Toronto Downtown Hotel $$$$$ [83]

1 Blue Jays Way, 416-341-7100 ou 800-237-1512, www.renaissancetorontodowntown.com

Voici le seul grand hôtel du monde situé dans un stade. Les chambres

Hôtel Le Germain.

donnent sur le centre-ville ou sur le terrain (et Field View) du Rogers Centre, où l'on voit gratuitement les matchs de baseball ou de football! Toutes les chambres sont vastes, et leurs tons, chics et chaleureux.

Old Town Toronto et le Distillery District
(voir carte p. 63)

⛲ Le Méridien King Edward $$$$-$$$$$ [30]
37 King St. E., 416-863-9700 ou
800-543-4300, www.starwoodhotels.com
Le *King Eddie* est le palace le plus respecté à Toronto. Construit en 1903, ce qui en fait le plus vieil hôtel de la ville, le King Edward, aujourd'hui Le Méridien King Edward, renferme de grandes et élégantes chambres ayant leur caractère propre mais

n'offrant malheureusement pas une vue des plus jolies. Cet inconvénient est cependant largement compensé par le magnifique hall et les deux grandes salles de bal.

Queen Street West
(voir carte p. 71)

The Rex Hotel $$-$$$ [40]
194 Queen St. W., 416-598-2475,
www.therex.ca
Le Rex Hotel est plus fréquenté pour sa boîte de jazz et de blues (voir p. 77) que pour ses installations. Les chambres rénovées sont modestes, mais parfaitement acceptables. Le Rex Hotel devient donc une des meilleures adresses abordables pour dormir dans Queen Street West, tout près du centreville.

Toronto pratique

Gladstone Hotel $$$$-$$$$$
[38]
1214 Queen St. W., 416-531-4635,
www.gladstonehotel.com

Cet hôtel fait partie du «tissu artistique» de West Queen West. Ses 37 chambres à plafond haut ont été créées et décorées par autant d'artistes locaux. Doté d'un bar, d'un restaurant et d'espaces accueillant différents événements, il émane du Gladstone une belle atmosphère bohème et tranquille. Le bâtiment, de style romanesque, remonte à 1889.

The Drake Hotel $$$$-$$$$$
[39]
1150 Queen St. W., 416-531-5042 ou
866-372-5386, www.thedrakehotel.ca

Couru par les artistes et les stars confirmées ou en devenir qui aiment prendre un verre à sa grande terrasse, voici l'antre du «chic-bohème-branché» de Toronto, dont les 19 chambres allient le design artistique au confort moderne. Attention: avec ses bars, ses expositions et ses spectacles, le Drake est synonyme d'activités, pas de repos zen!

Le Chinatown et le Kensington Market *(voir carte p. 83)*

Grange Hotel $$ [28]
165 Grange Ave., 416-603-7700 ou
888-232-0002, www.grangehotel.com

Près du Chinatown et de Queen Street West, le Grange Hotel propose des studios avec lit double et lit simple ainsi que cuisinette. Les tarifs sont exceptionnels, mais les amateurs de luxe s'abstiendront. Internet gratuit, buanderie, stationnement tarifé.

The Drake Hotel.

Beverley Place Bed & Breakfast $$-$$$ [26]

226 Beverley St., 416-977-0077, www.bbcanada.com/504.html

À proximité du campus de l'Université de Toronto, du Kensington Market et du Chinatown, le Berverley Place est situé dans une superbe maison victorienne de 1887 garnie de très beaux meubles antiques. Il compte six chambres, dont certaines avec foyer.

Delta Chelsea $$$-$$$$ [27]

33 Gerrard St. W., 416-595-1975 ou 800-243-5732, www.deltachelsea.com

Le Delta Chelsea loue des chambres tout confort à prix remarquable. Avec plus de 1 500 chambres (c'est le plus gros hôtel au Canada), cet hôtel est une «usine» du tourisme:

les attentes (à la réception, aux ascenseurs, etc.) constituent le compromis à faire pour profiter des bas prix et de tous les services.

Queen's Park et l'Université de Toronto (voir carte p. 93)

1871 Historic House Bed & Breakfast $$-$$$ [15]

65 Huntley St., 416-923-6950, www.1871bnb.com

Ce *bed and breakfast* se trouve entre la zone commerciale de Yonge et Bloor et le secteur de Cabbagetown, à courte distance de marche de l'un comme de l'autre. Il est installé dans une maison victorienne ensoleillée, confortable, garnie d'antiquités et de tableaux d'époque.

Toronto pratique

InterContinental Toronto Yorkville $$$$$ [16]
220 Bloor St. W., 416-960-5200,
www.toronto.intercontinental.com

À deux pas de la station de métro Museum, du Royal Ontario Museum (ROM) et de Bloor-Yorkville, l'Inter-Continental Toronto Yorkville vous séduira comme il séduit chaque années les stars du Toronto International Film Festival (TIFF) avec ses chambres vastes et décorées avec goût et son service exemplaire.

Jarvis House $$-$$$$ [17]
344 Jarvis St., 416-975-3838,
www.jarvishouse.com

La Jarvis House renferme 11 chambres impeccables, dont certaines avec baignoire à remous. Dans cette maison victorienne rénovée, le service est chaleureux et professionnel, et les chambres sont silencieuses. Les prix sont très

variés, selon le niveau de confort des chambres.

Les Amis $$$ [18]
31 Granby St., 416-591-0635,
www.bbtoronto.com

Voici un petit *bed and breakfast* accueillant tenu par un couple d'origine française à quelques minutes de l'animation du centre de Toronto. Les trois chambres au décor simple mais soigné offrent chacune un confortable lit avec couette et oreillers en duvet.

McGill Inn B&B $$-$$$ [19]
110 McGill St., 416-351-1503 ou
877-580-5015, www.mcgillbb.ca

Cette belle résidence datant de 1894 est établie dans une petite rue résidentielle à quelques pas de Church Street et du quartier gay de Toronto. Elle propose six chambres colorées, décorées avec goût,

The Hazelton Hotel.

dans un cadre victorien au confort moderne. Petit jardin sympathique.

Victoria's Mansion $$-$$$ [20]
68 Gloucester St., 416-921-4625,
www.victoriasmansion.com

Cette superbe maison centenaire se trouve dans une rue paisible près des quartiers animés, à quelques rues au sud de Bloor Street. L'extérieur, minutieusement ouvragé, détonne avec le décor intérieur modeste et les suites simplement meublées, mais bien équipées pour les longs séjours.

Bloor Street et Yorkville Avenue *(voir carte p. 101)*

The Hazelton Hotel $$$$$ [28]
118 Yorkville Ave., 416-963-6300 ou
866-473-6301, www.thehazeltonhotel.com

Grand palace contemporain parfaitement situé dans la portion la plus chic de Yorkville, le Hazelton possède tout ce qu'il faut (style, innovations, confort et services) pour combler une clientèle privilégiée. Superbe resto-terrasse devant l'hôtel.

Windsor Arms Hotel $$$$$
[29]
18 St. Thomas St., 416-971-9666 ou
877-999-2767, www.windsorarmshotel.com

Ce bâtiment victorien opulent fait partie de la nouvelle vague des hôtels-boutiques de Toronto. Leur luxe chaleureux et discret est digne de recevoir les vedettes d'Hollywood… et le Windsor Arms le fait. Bien sûr, c'est cher, mais les plus petites chambres demeurent relativement abordables.

Toronto pratique

The Annex

Global Guest House $$ [14]
9 Spadina Ave., 416-923-4004,
www.globalguesthousetoronto.com

Voici une option peu coûteuse et bien sympathique, et juste à côté de la station de métro Spadina. La Global Guest House propose neuf chambres au décor simple et coloré, mais défraîchi. Thé gratuit, buanderie et accès à une petite cuisine et à son réfrigérateur. À noter que la réception n'est pas ouverte jour et nuit comme dans un hôtel conventionnel.

Madison Manor Boutique Hotel $$-$$$$ [15]
20 Madison Ave., 416-922-5579 ou
877-561-7048, www.madisonavenuepub.com

Cet hôtel victorien (1892) compte 23 chambres sur quatre étages. Le cachet d'époque a été conservé grâce aux boiseries d'origine et au mobilier antique. À côté, au n° 14, un pub anglais affilié à l'hôtel sert des repas et offre une bonne sélection de bières pression sur une belle terrasse.

Près de l'aéroport

Sheraton Gateway Hotel in Toronto International Airport $$$-$$$$
Toronto Pearson International Airport,
Terminal 3, 905-672-7000,
www.starwoodhotels.com

Relié à l'aérogare n° 3 par un tapis roulant dans une passerelle couverte, cet hôtel est le mieux situé pour les voyageurs en transit. Ses chambres joliment décorées sont parfaitement insonorisées, et certaines offrent une vue panoramique sur l'aéroport.

Les déplacements

Orientation

Le quadrillage des rues de Toronto facilitera vos déplacements. La rue Yonge (prononcer *young*), longée par le métro, est la principale artère nord-sud, et elle divise les parties est et ouest de la ville. Elle s'étire en outre sur une distance de 1 896 km, soit des rives du lac Ontario jusqu'à Rainy River.

Le suffixe « East » ou « E. », qui s'attache au nom de certaines rues, indique que les adresses en question se trouvent à l'est de Yonge Street; inversement, une adresse se lisant « 299 Queen Street W. » se trouve à quelques rues à l'ouest de Yonge Street. Le centre-ville de Toronto est généralement identifié comme étant le quartier qui s'étend au sud de Bloor Street entre Spadina Avenue et Jarvis Street.

En voiture

Toronto étant bien desservie par les transports publics et le taxi, il n'est pas nécessaire d'utiliser une voiture pour la visiter. D'autant plus que la majorité des attraits touristiques

Tramway.

sont relativement rapprochés les uns des autres et que la plupart des circuits que nous vous proposons se font à pied. Il est néanmoins aisé de se déplacer en voiture. Au centre-ville, les places de stationnement, bien qu'assez chères, sont nombreuses. Il est possible de se garer dans la rue, mais il faut être attentif aux panneaux limitant les périodes de stationnement. Le contrôle des véhicules mal garés est fréquent et sévère.

Location de voitures

Il faut être âgé d'au moins 21 ans et posséder son permis depuis **au moins un an** pour louer une voiture. De plus, si vous avez entre 21 et 25 ans, certaines agences de location imposeront une franchise collision de 500$ et parfois un sup-

plément journalier. À partir de l'âge de 25 ans, ces conditions ne s'appliquent plus. Une carte de crédit est indispensable pour le dépôt de garantie, et elle doit être au même nom que le permis de conduire.

En transports en commun

Les excellents transports en commun de Toronto, qu'il s'agisse du métro, des autobus ou des tramways, sont gérés par la **Toronto Transit Commission (TTC)** *(416-393-4636, www3.ttc.ca)*. Les trains et autocars de banlieue sont gérés par la société **GO Transit** *(416-869-3200, www.gotransit.com)*.

Il existe quatre lignes de métro: la ligne jaune (Yonge-University – Spadina Line) forme un *U* et épouse

Toronto pratique

Toronto sur les rails

Dans les années 1820, la situation du transport en commun à Toronto était plutôt chaotique. Neuf systèmes et réseaux différents, administrés par quatre compagnies, offraient des services de qualité bien moyenne. Les usagers devaient payer des tarifs différents selon les réseaux utilisés, lesquels ne couvraient pas tout le territoire et, surtout, n'étaient même pas reliés entre eux.

La plus importante des compagnies, la **Toronto Railway Company**, disposait de véhicules désuets et refusait de desservir les nouveaux territoires qui se développaient à un rythme incessant. Malgré ces débuts difficiles, le premier service de véhicules tirés par des chevaux est institué dans Yonge Street en 1861. Trente ans plus tard, le 15 août 1891, le premier tramway électrique parcourt Church Street. Malgré ces améliorations techniques, le service demeurait fort boiteux et attirait le mécontentement des usagers. Face aux pressions croissantes de la population, le gouvernement de l'Ontario crée la **Toronto Transit Commission (TTC)** en 1920. La flotte des tramways est changée et le service uniformisé et grandement amélioré. Le transport urbain dans le florissant Toronto était dorénavant sur les rails.

Aujourd'hui, le tramway fait toujours partie du paysage torontois, et bien malin celui qui pourrait trouver un de ses habitants qui n'ait jamais utilisé ce mode de transport, par ailleurs disparu de la plupart des grandes villes nord-américaines, malgré sa renaissance annoncée.

un tracé nord-sud, la courbe inférieure du *U* correspondant à l'Union Station; la ligne verte (Bloor-Danforth Line) court d'est en ouest le long de Bloor Street et de Danforth Street entre la Kennedy Road et la Kipling Road; la ligne bleue (Scarborough Rapid Transit) file vers le nord et l'est jusqu'à l'Ellesmere Road; enfin la récente ligne rose (Sheppard) débute au nord et poursuit son parcours vers l'est jusqu'à Don Mills. Il y a en outre le Harbourfront LRT (un tramway à voie exclusive surélevée), qui part de l'Union Station et longe le Queen's Quay jusqu'à Spadina Avenue.

Métro de Toronto.

Vous pouvez effectuer des correspondances entre autobus, tramways et métro sans avoir à payer de nouveau, mais n'oubliez pas de vous munir d'un billet de correspondance. Procurez-vous également un exemplaire du plan gratuit du réseau de la TTC, le *Ride Guide*, qui identifie la majorité des attraits principaux et vous indique comment y aller en transports en commun.

Un titre de passage unique coûte 3$ pour un adulte, 2$ pour un aîné ou un étudiant (vous devez posséder une carte d'étudiant de la TTC) et 0,75$ pour un enfant de moins de 12 ans. Un jeu de 5 jetons pour adulte vous coûtera 12,50$, un jeu de 10 jetons pour adultes 25$. Si vous songez à faire plusieurs déplacements à l'intérieur d'une même

journée, procurez-vous un laissez-passer d'un jour (Day Pass) au coût de 10$; vous pourrez ainsi vous déplacer autant de fois que vous le voudrez sans avoir à payer de nouveau. L'économie devient encore plus évidente le dimanche, lorsque le laissez-passer en question peut être utilisé par deux adultes ou par une famille (deux adultes et quatre enfants ou un adulte et cinq enfants). Un laissez-passer mensuel se vend 121$ pour un adulte et 99$ pour un étudiant ou un aîné.

Les conducteurs d'autobus et de tramway ne font pas de la monnaie; vous pouvez au besoin vous procurer des billets aux comptoirs du métro et dans certains commerces (comme les nombreuses pharmacies de la chaîne Shopper's Drug Mart).

Toronto pratique

1. Martin Goodman Trail.
2. PATH.

Pour tout renseignement concernant les tarifs, les trajets et les horaires, composez le 416-393-4636 ou visitez le *www3.ttc.ca*.

En taxi

Co-op Cabs: 416-504-2667

Beck Taxi: 416-751-5555

À vélo

L'un des moyens les plus agréables pour se déplacer en été à Toronto est sans doute la bicyclette. Des pistes cyclables (non protégées des voitures) ont été aménagées pour permettre aux cyclistes de se déplacer ou d'explorer différents quartiers de la ville. Attention toutefois aux taxis qui semblent peu apprécier le cyclisme. Hors route, une des pistes cyclables les plus intéressantes est le **Martin Good-man Trail**, qui longe la rive du lac Ontario entre le High Park et The Beaches.

Des sentiers similaires serpentent également à travers les parcs de Toronto, incluant le **High Park**. Pour leur part, les pistes cyclables qui longent les **vallées des rivières Humber et Don** sont extrêmement agréables et moins fréquentées que celles qui bordent le lac Ontario. Quant aux **îles de Toronto**, leurs allées libres de véhicules motorisés privés permettent la pratique du vélo en toute tranquillité.

Location de vélos

Toronto Islands Bicycle Rental: Centre Island, au sud de l'île principale, à la fin de l'Avenue of the Islands, 416-203-0009, http://torontoislandbicyclerental.com

Curbside Cycle: 412 Bloor St. W., au nord de l'Université de Toronto, 416-920-4933, www.curbside.on.ca

Wheel Excitement: 249 Queen's Quay W., Unit 110, derrière l'édifice, on y accède par le Robertson Crescent, 416-260-9000, www.wheelexcitement.ca

BIXI: près de 100 stations de location automatisée partout au centre-ville de Toronto; 5$ pour des locations de 30 min ou moins à l'intérieur d'une période de 24h; http://toronto.bixi.com

À pied

Toronto est une ville agréable et sécuritaire à parcourir à pied. La plupart des circuits proposés dans ce guide s'explorent aisément en marchant. La ville souterraine de Toronto, appelée **PATH**, est l'une des plus vastes du Canada. Ses ramifications s'étendent sous les rues de l'Union Station (Front Street) jusqu'à l'Atrium on Bay (Dundas Street). Refuge idéal par les froides journées d'hiver, son réseau de couloirs donne accès entre autres à plusieurs magasins et restaurants.

Bon à savoir

Ambassades et consulats étrangers en Ontario

Belgique

Ambassade de Belgique: 360 rue Albert, bureau 820, Ottawa, K1R 7X7, 613-236-7267, www.diplomatie.be/ottawafr

Consulat de Belgique: 2 Bloor St. W., bureau 2006, Toronto, N4W 3E2, 416-944-1422, www.diplomatie.be/torontofr

Toronto pratique

France

Ambassade de France: 42 promenade Sussex, Ottawa, K1M 2C9, 613-789-1795, www.ambafrance-ca.org

Consulat de France: 2 Bloor St. E., bureau 2200, Toronto, M4W 1A8, 416-847-1900, www.consulfrance-toronto.org

Suisse

Ambassade de Suisse: 5 av. Malborough, Ottawa, K1N 8E6, 613-235-1837, www.eda.admin.ch/eda/fr/home/reps/nameri/vcan/canott.html

Consulat de Suisse: 154 University Ave., bureau 601, Toronto, M5H 3Y9, 416-593-5371, www.eda.admin.ch/eda/fr/home/reps/nameri/vcan/cantor.html

Argent et services financiers

Monnaie

L'unité monétaire est le dollar ($), lui-même divisé en cents. Un dollar = 100 cents (¢).

La Banque du Canada émet des billets de 5, 10, 20, 50 et 100 dollars, et des pièces de 1, 5, 10, et 25 cents, et de 1 et 2 dollars.

Il se peut que vous entendiez parler de *pennies*, *nickels*, *dimes*, *quarters*, *loonies* et même parfois de *toonies*. En fait, il s'agit respectivement des 1¢, 5¢, 10¢, 25¢ et 1$ et 2$.

Banques et change

Le meilleur moyen de retirer de l'argent consiste à utiliser sa carte

Taux de change

1$CA	=	0,77€
1$CA	=	0,93FS
1$CA	=	1$US
1€	=	1,29$CA
1FS	=	1,07$CA
1$US	=	1$CA

N.B. Les taux de change peuvent fluctuer en tout temps.

bancaire. Attention, votre banque vous facturera des frais fixes (par exemple 5$CA), et il vaut mieux éviter de retirer trop souvent de petites sommes.

Climat

Toronto bénéficie d'un climat relativement doux, du moins lorsqu'on compare la ville au reste du Canada. L'une des caractéristiques de l'Ontario par rapport à l'Europe est que les saisons y sont très marquées. Chacune des saisons en Ontario a son charme et influe non seulement sur les paysages, mais aussi sur le mode de vie des Ontariens et leur comportement. En été, le mercure peut grimper à plus de 30°C (avec un fort taux d'humidité), et en hiver il peut descendre aux environs de –10°C ou –15°C, bien que la température moyenne gravite plutôt autour de –6°C. De plus, les chutes de neige sont fréquentes.

Vous pouvez obtenir des renseignements sur la météo en contactant Environnement Canada: *416-661-0123 et 800-461-8368*, ou en consultant le site Internet *www. meteomedia.com*.

Décalage horaire

La plus grande partie de l'Ontario, y compris Toronto, adopte l'heure normale de l'Est, ce qui représente trois heures de plus que sur la côte ouest du continent. Il y a six heures de différence entre Toronto et l'ensemble des pays continentaux d'Europe, et cinq heures

Canadian Imperial Bank of Commerce Building, Commerce Court.

avec le Royaume-Uni. Le passage à l'heure avancée se fait le deuxième dimanche de mars; et le passage à l'heure normale, le premier dimanche de novembre.

Moyennes des températures et des précipitations

	Jan	Fév	Mars	Avr	Mai	Juin	Juil	Août	Sept	Oct	Nov	Déc
Max.	–1,1	–0,2	4,6	11,3	18,5	23,5	26,4	25,3	20,7	13,8	7,4	1,8
Min.	–7,3	–6,3	–2	3,8	9,9	14,8	17,9	17,3	13,2	7,3	2,2	–3,7
Précip. (mm)	61	50	66	70	73	72	67	80	83	65	76	71

Toronto pratique

Calendrier des événements

Janvier-février

Winterlicious
fin jan à mi-fév; 416-395-0490
Toronto organise ce grand festival pour célébrer l'hiver. Trois sites faisant bon accueil aux familles vous y réservent aussi bien des spectacles de patinage artistique que des manèges et des découvertes culinaires.

Mai

Inside Out
deux dernières semaines de mai; 416-977-6847, www.insideout.ca
Inauguré en 1991, l'important festival annuel de cinéma gay et lesbien Inside Out présente près de 300 films canadiens et étrangers et attire quelque 30 000 spectateurs.

Juin

International Dragon Boat Race
www.dragonboats.com
À la mi-juin se tient le Toronto International Dragon Boat Race Festival, qui est l'occasion d'assister à des courses de bateaux assez particulières.

North by Northeast
mi-juin; 416-863-6963, www.nxne.com
Plus de 300 groupes de folk, rock, blues, punk et funk présentent des concerts dans plusieurs bars torontois. C'est l'équivalent canadien du célèbre South by Southwest d'Austin, aux États-Unis.

Luminato
mi-juin; 416-368-3100, www.luminato.com
Pendant ce super festival des arts et de la création, des artistes innovants de Toronto et de partout dans le monde viennent présenter au centre-ville ce qui se fait de plus nouveau et inspirant dans leur domaine.

Toronto pratique

Luminato.

Toronto Jazz Festival
fin juin; 416-928-2033, www.tojazz.com
Le Toronto Jazz Festival présente des concerts gratuits à l'extérieur et payants dans plusieurs bars et salles de spectacle.

Pride Toronto
dernière semaine de juin; Church St., 416-927-7433, www.pridetoronto.com
Pride Toronto, un des événements les plus colorés de l'été, est le grand défilé qui couronne toute une semaine de festivités. Il s'agit d'une des plus importantes célébrations de la fierté gay et lesbienne en Amérique du Nord.

Juillet et août

The Toronto Fringe
début juil; 416-966-1062, www.fringetoronto.com
Près d'une centaine de troupes de théâtre participent au Fringe de Toronto, un festival qui propose des œuvres uniques, diversifiées et inattendues.

Toronto pratique

Caribana Toronto.

Beaches International Jazz Festival
troisième semaine de juil; 416-698-2152, www.beachesjazz.com
Plus de 100 formations se produisent gratuitement sur des scènes intérieures et extérieures au cours de ce festival qui se tient sur le site estival le plus joyeux et festif de Toronto.

Caribana Toronto
mi-juil à début août; 416-391-5608, www.caribanatoronto.com
Caribana Toronto est un immense festival de style trinidadien voué à la musique et à la culture des Caraïbes. Il se termine par un défilé spectaculaire de 12 heures, le plus important du genre en Amérique du Nord!

Septembre

Toronto International Film Festival (TIFF)
début sept; 416-599-8433 ou 888-589-8433, www.tiff.net
Le TIFF est aujourd'hui considéré comme le meilleur festival de films en Amérique du Nord, et il fait une chaude lutte au Festival international d'art cinématographique de Venise (la Mostra). Depuis 2010, les films du festival sont présentés au nouveau TIFF Bell Lightbox (voir p. 40), situé à l'angle de King Street et de John Street.

Électricité

Partout au Canada, la tension est de 120 volts. Les fiches d'électricité sont plates comme aux États-Unis, et l'on peut trouver des adaptateurs sur place, dans la plupart des quincailleries ou des magasins d'électronique présents dans les centres commerciaux.

Fumeurs

Il est interdit de fumer dans tous les lieux publics fermés, y compris les bars et les restaurants. L'âge minimal pour acheter des cigarettes est de 19 ans en Ontario.

Heures d'ouverture

En règle générale, les magasins respectent l'horaire suivant :

lun-mer : 10h à 18h
jeu-ven : 10h à 21h
sam : 10h à 18h
dim : 12h à 17h

Jours fériés

Voici la liste des jours fériés en Ontario. À noter que la plupart des banques et des services administratifs sont fermés ces jours-là.

Jour de l'An
1er janvier (plusieurs établissements sont aussi fermés le 2 janvier)

Le vendredi précédant la fête de Pâques

Le lundi suivant la fête de Pâques

Fête de la Reine
lundi précédant le 25 mai

Fête de la Confédération
1er juillet

Congé civique (aussi dénommé Simcoe Day)
1er lundi d'août

Fête du Travail
1er lundi de septembre

Action de grâce
2e lundi d'octobre

Jour du Souvenir/Armistice
11 novembre (seuls les services gouvernementaux fédéraux et les banques sont fermés)

Noël
25 décembre (plusieurs établissements sont aussi fermés le 26 décembre)

Pourboire

Le pourboire s'applique à tous les services rendus à table, c'est-à-dire dans les restaurants et autres établissements où l'on vous sert à table (la restauration rapide n'entre donc pas dans cette catégorie). Il est aussi de rigueur dans les bars, les boîtes de nuit et les taxis.

Selon la qualité du service rendu, il faut compter environ 15% de pourboire sur le montant avant les taxes. Il n'est pas, comme en Europe, inclus dans l'addition, et le client doit le calculer lui-même et le remettre à la serveuse ou au serveur. Ne pas donner de pourboire est très, très mal vu !

Toronto pratique

Presse écrite

Vous trouverez facilement des journaux québécois et internationaux dans les kiosques de Toronto, de même que dans les librairies Chapters et Indigo, et dans les Maisons de la Presse Internationale.

Toronto publie quatre grands quotidiens : le **Toronto Star**, le **Toronto Sun**, le **Globe and Mail** et le **National Post**, les deux derniers étant d'envergure nationale quoique Toronto constitue leur plus important marché. Un hebdomadaire de langue française, **L'Express de Toronto** (www.lexpress.to), permet de savoir ce qui se passe en français dans la ville ; il est distribué gratuitement dans plusieurs commerces. Il y a en outre deux hebdomadaires gratuits voués aux arts et spectacles, **Now** (www.nowtoronto.com) et **Eye** (www.eye.net), que vous pourrez vous procurer dans les restaurants et cafés, ou dans les boîtes de distribution installées à l'angle des rues de la ville. **Where** (www.where.ca), publié mensuellement, constitue également une bonne référence sur la scène culturelle de Toronto.

Renseignements touristiques

Le personnel de **Toronto Tourism** (lun-ven 8h30 à 18h ; 207 Queen's Quay W., bureau 590, 416-203-2600 ou 800-499-2514, www.torontotourism-fr.com) se montre très serviable, et il se fera un plaisir de répondre à vos questions. On y trouve une bonne sélection de brochures.

Travellers' Aid Toronto (Union Station, gare ferroviaire, 416-366-7788 ; Toronto Coach Terminal, gare d'autocars, 416-971-9452 ; Toronto Pearson International Airport, 416-776-9892 ; www.travellersaid.ca) est un organisme géré par des bénévoles qui peut vous renseigner sur les hôtels, les restaurants, les attraits et les transports dans la ville. Les renseignements sont donnés par téléphone ou dans les kiosques situés dans les aires d'arrivée des aéroports et des gares.

Restaurants

Métropole cosmopolite, Toronto propose des cuisines du monde entier, aussi diversifiés que sa population. Les découvertes qui en résultent sont souvent assorties d'additions salées, quoique même les voyageurs les plus soucieux de leur budget soient à même d'y dénicher de petits restaurants uniques et intéressants à souhait.

Particularité torontoise : les restaurants chics et à la mode ouvrent et ferment rapidement, comme ces bars et boîtes de nuit qui vibrent au rythme des modes et des tendances. Notre guide tâche de présenter des valeurs sûres, des restaurants qui passent avec succès l'épreuve du temps.

Canoe.

Les tarifs indiqués dans ce guide s'appliquent à un repas complet pour une personne, avant boissons, taxes et pourboire.

$	moins de 15$
$$	de 15$ à 25$
$$$	de 26$ à 50$
$$$$	plus de 50$

Parmi les restaurants proposés dans ce guide, certains se distinguent encore plus que les autres. Nous leur avons donc attribué le label Ulysse 🌐. Repérez-les en premier !

Santé

Pour les personnes en provenance de l'Europe, aucun vaccin n'est nécessaire. En ce qui concerne l'assurance maladie, il est vivement recommandé pour toutes les personnes qui résident en dehors de l'Ontario de souscrire une assurance maladie-accident. Divers types d'assurances sont disponibles, et nous vous conseillons de les comparer. Emportez vos médicaments, surtout ceux qui exigent une ordonnance. Sauf indication contraire, l'eau est potable partout en Ontario.

Sécurité

Toronto n'est pas une ville violente, même si les crimes violents commis par des «gangs de rue» ont augmenté ces dernières années. La Ville reine affiche toujours un taux de criminalité faible en comparaison des villes de taille comparable aux États-Unis, mais il faut tout de même prendre les précautions d'usage.

Toronto pratique

Spectacles et activités culturelles

Vous pouvez vous procurer des billets pour les spectacles à l'affiche dans les salles de Toronto auprès de :

Ticketmaster : 416-870-8000, www.ticketmaster.ca

TicketKing : 416-872-1212, www.ticketking.com

T.O. Tix *(mar-sam 12h à 18h30; Eaton Centre, angle Yonge St. et Dundas St., 416-536-6468, poste 40, www.totix.ca)* vend des billets à prix réduit pour les comédies musicales, les pièces de théâtre et d'autres spectacles présentés le jour même. Vous devez vous rendre sur place. Pas de remboursement possible.

Sports professionnels

Baseball et football canadien

Les Blue Jays de la Ligue américaine de baseball et les Argonauts de la Ligue canadienne de football disputent leurs matchs au **Rogers Centre** *(1 Blue Jay Way, 416-341-1234, www.rogerscentre.com)*.

Course automobile

Pas de Formule 1 à Toronto, mais son étape de l'**IndyCar Series** *(www.hondaindytoronto.com)* est l'une des plus excitantes courses de monoplaces en Amérique du Nord, car elle se déroule partiellement dans les rues de la ville, à proximité d'Ontario Place. L'événement est très «couru»; son ambiance festive est très agréable au bord du lac Ontario.

Hockey et basketball

L'**Air Canada Centre** *(40 Bay St., 416-815-5400, www.theaircanadacentre. com)* présente les matchs des Maple Leafs, l'équipe torontoise de la National Hockey League, de novembre à avril en saison régulière. Les éliminatoires peuvent avoir lieu jusqu'en juin. C'est aussi le domicile de l'équipe de basketball des Raptors de la National Basketball Association (NBA).

Soccer

Le Toronto FC de la Major League Soccer est très populaire auprès d'une clientèle extrêmement multiethnique, à tel point qu'il peut parfois être difficile d'obtenir des billets pour un match de soccer au beau **BMO Field** *(170 Princes Blvd., 416-360-4625, www.torontofc.ca)*.

Taxes

Contrairement à l'Europe, les prix affichés le sont **sans les taxes** dans la majorité des cas. Depuis 2010, la **TPS** *(GST en anglais)* de **5%** (taxe fédérale sur les produits et services) et la taxe provinciale de **8%** ont été «harmonisées» (combinées et appliquées sur presque tout). La nouvelle **Harmonized**

Air Canada Centre.

Sales Tax (HST) est donc de 13%, et il faut l'ajouter aux prix affichés pour la majorité des produits ainsi qu'au restaurant et dans les lieux d'hébergement. Elle est toutefois incluse dans les prix de certains services, comme les courses en taxi.

Télécommunications

La plus grande partie de la ville de Toronto utilise l'indicatif régional **416**, tandis que toutes les banlieues environnantes utilisent le **905**. Notez toutefois que, dans la majorité des cas, il n'y a pas de frais d'interurbain entre ces localités. Pour plus de précisions, consultez les premières pages d'un annuaire téléphonique (que vous trouverez dans n'importe quelle cabine téléphonique).

Sachez qu'un numéro de téléphone débutant par 800, 855, 866, 877 ou 888, n'entraîne pas de frais de communication, et ce, généralement, peu importe où vous vous trouvez au Canada.

Les appareils téléphoniques se trouvent facilement, même s'ils se raréfient peu à peu avec la prolifération des téléphones portables. Certains téléphones publics fonctionnent avec une carte de crédit. Pour les appels locaux, la communication coûte 0,50$ pour une durée illimitée. Pour les interurbains, munissez-vous de beaucoup de pièces de monnaie ou, mieux encore, procurez-vous une carte d'appel en vente dans les kiosques à journaux.

Toronto pratique

Pour les interurbains au Canada et aux États-Unis et les numéros sans frais, composez le **1**, puis le numéro à 10 chiffres. Pour téléphoner hors du Canada et des États-Unis, faites le **011**, puis l'indicatif du pays suivi du numéro de votre correspondant.

Vins, bières et alcools

L'âge légal pour acheter et boire de l'alcool en Ontario est de 19 ans. On achète surtout les bières ontariennes dans les **Beer Stores** exploités par le gouvernement provincial, tandis que vins et spiritueux (et de nombreuses bières internationales et d'ailleurs au Canada) se vendent dans les succursales de la **LCBO** (Liquor Control Board of Ontario). La LCBO est le plus grand monopole d'achat de vins au monde. Pour obtenir les adresses de toutes les succursales, consultez le site Internet *(www.lcbo.com)*.

Visites guidées

Plusieurs entreprises touristiques ou organismes organisent des balades à Toronto, proposant aux visiteurs de partir à la découverte de la ville d'une façon différente. Ainsi, les visites à pied permettent de découvrir des quartiers bien précis de la ville, alors que les visites en autocar en donnent une vue d'ensemble. Avec les croisières, on peut observer une facette nouvelle de la ville, soit une perspective à partir du lac. Bien que les options soient multiples, il

convient de mentionner quelques-unes d'entre elles qui valent particulièrement le déplacement.

À pied ou à vélo

A Taste of the World – Neighbourhood Bicycle Tours & Walks *(416-923-6813, www.torontowalksbikes.com)* propose des circuits à pied ou à vélo abordant des thèmes culinaires, littéraires et fantasmagoriques, autour du Chinatown, de Cabbagetown, des Beaches et dans d'autres quartiers. Ces circuits sont proposés par Shirley Lum, une énergique Torontoise d'origine chinoise, qui partagera avec vous certains secrets sur les quartiers de la ville. Le circuit du Chinatown, avec dégustation de *dim sum*, compte parmi les favoris.

Les circuits organisés par **Heritage Toronto** *(St. Lawrence Hall, 157 King St. E., 3ᵉ étage, 416-338-0684, www.heritagetoronto.org)* sont tout indiqués pour les amateurs d'histoire puisqu'ils donnent l'occasion de visiter certains des sites les plus fascinants de la ville à ce chapitre.

En autocar

Gray Line *(800-594-3310, www.grayline.com)* organise plusieurs visites de la ville (d'une durée de 2h à 3h30) de même qu'une excursion à Niagara Falls. On cueille les passagers en divers points du centre-ville avant le départ comme tel, qui a lieu à la gare d'autocars située à l'angle de Bay Street et de Dundas Street.

Bateau de croisière.

En bateau

Great Lakes Schooner Company *(249 Queen's Quay W., bureau 11, 416-260-6355 ou 800-267-3866, www.tallshipcruisestoronto.com)* propose toute une gamme de circuits à Toronto même et dans les environs. Vous pourrez aussi bien profiter d'une croisière prolongée sur le lac Ontario que d'une visite du port à bord d'un authentique grand voilier.

Toronto Tours *(416-869-1372, www.torontotours.com)* propose des croisières dans la baie de Toronto et autour des îles. La vue du centre-ville est magnifique à bord.

Les croisières quotidiennes que **Mariposa Cruise Line** *(207 Queen's Quay W., bureau 415, 416-203-0178, www.mariposacruises.com)* propose dans le port présentent une autre facette de la trépidante métropole. Des croisières déjeuner et dîner sont aussi organisées.

Voyageurs à mobilité réduite

La **Toronto Transit Commission** fait circuler un autobus conçu à l'intention des personnes qui se déplacent en fauteuil roulant («Wheel-Trans»), et l'autocar *Airport Express* (voir p. 120) de l'aéroport international Pearson peut également accueillir les personnes à mobilité réduite.

Pour tout renseignement d'ordre général, adressez-vous au **Centre for Independent Living in Toronto** *(416-599-2458, www.cilt.ca)*.

Toronto pratique

index

lexique
français-anglais ↘

Bonjour	*Hello*	S'il vous plaît	*Please*
Bonsoir	*Good evening/night*	Merci	*Thank you*
Bonjour, au revoir	*Goodbye*	De rien, bienvenue	*You're welcome*
Comment ça va?	*How are you?*	Excusez-moi	*Excuse me*
Ça va bien	*I'm fine*	J'ai besoin de...*	*I need...*
Oui	*Yes*	Je voudrais...	*I would like...*
Non	*No*	C'est combien?	*How much is this?*
Peut-être	*Maybe*	L'addition, s'il vous plaît	*The bill please*

Directions

Où est le/la ...?	*Where is...?*	entre	*between*
Il n'y a pas de...	*There is no...,*	ici	*here*
Nous n'avons pas de...	*We have no...*	là, là-bas	*there, over there*
à côté de	*beside*	loin de	*far from*
à l'extérieur	*outside*	près de	*near*
à l'intérieur	*into, inside, in, into, inside*	sur la droite	*to the right*
derrière	*behind*	sur la gauche	*to the left*
devant	*in front of*	tout droit	*straight ahead*

Le temps

après-midi	*afternoon*	avril	*April*
aujourd'hui	*today*	mai	*May*
demain	*tomorrow*	juin	*June*
heure	*hour*	juillet	*July*
hier	*yesterday*	août	*August*
jamais	*never*	septembre	*September*
jour	*day*	octobre	*October*
maintenant	*now*	novembre	*November*
matin	*morning*	décembre	*December*
minute	*minute*	nuit	*night*
mois	*month*	Quand?	*When?*
janvier	*January*	Quelle heure est-il?	*What time is it?*
février	*February*	semaine	*week*
mars	*March*	dimanche	*Sunday*

lundi	*Monday*	vendredi	*Friday*
mardi	*Tuesday*	samedi	*Saturday*
mercredi	*Wednesday*	soir	*evening*
jeudi	*Thursday*		

Au restaurant

banquette	*booth*	café	*coffee*
chaise	*chair*	dessert	*dessert*
cuisine	*kitchen*	entrée	*appetizer*
salle à manger	*dining room*	plat	*dish*
table	*table*	plat principal	*main dish / entree*
terrasse	*patio*	plats végétariens	*vegetarian dishes*
toilettes	*washroom*	soupe	*soup*
		vin	*wine*
petit déjeuner	*breakfast*		
déjeuner	*lunch*	saignant	*rare*
dîner	*dinner / supper*	à point (médium)	*medium*
		bien cuit	*well done*

Achats

appareils électroniques	*electronic equipment*	informatique	*equipment*
artisanat	*handicrafts*	équipement photographique	*photography equipment*
boutique	*store / boutique*	journaux	*newspapers*
cadeau	*gift*	librairie	*bookstore*
carte	*map*	marché	*market*
carte postale	*postcard*	pharmacie	*pharmacy*
centre commercial	*shopping mall*	supermarché	*supermarket*
chaussures	*shoes*	timbres	*stamps*
coiffeur	*hairdresser / barber*	vêtements	*clothing*
équipement	*computer*		

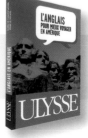

Pour en connaître un peu plus, procurez-vous le guide de conversation *L'anglais pour mieux voyager en Amérique*.

Crédits photographiques